GUÍA DEL KRATOM

Descubre Todo lo que Querías Saber de esta Poderosa Sustancia

GILBERT ROBINSON

© Copyright 2022 – Gilbert Robinson - Todos los derechos reservados.

Este documento está orientado a proporcionar información exacta y confiable con respecto al tema tratado. La publicación se vende con la idea de que el editor no tiene la obligación de prestar servicios oficialmente autorizados o de otro modo calificados. Si es necesario un consejo legal o profesional, se debe consultar con un individuo practicado en la profesión.

- Tomado de una Declaración de Principios que fue aceptada y aprobada por unanimidad por un Comité del Colegio de Abogados de Estados Unidos y un Comité de Editores y Asociaciones.

De ninguna manera es legal reproducir, duplicar o transmitir cualquier parte de este documento en forma electrónica o impresa.

La grabación de esta publicación está estrictamente prohibida y no se permite el almacenamiento de este documento a menos que cuente con el permiso por escrito del editor. Todos los derechos reservados.

La información provista en este documento es considerada veraz y coherente, en el sentido de que cualquier responsabilidad, en términos de falta de atención o de otro tipo, por el uso o abuso de cualquier política, proceso o dirección contenida en el mismo, es responsabilidad absoluta y exclusiva del lector receptor. Bajo ninguna circunstancia se responsabilizará legalmente al editor por cualquier reparación, daño o pérdida monetaria como consecuencia de la información contenida en este documento, ya sea directa o indirectamente.

Los autores respectivos poseen todos los derechos de autor que no pertenecen al editor.

La información contenida en este documento se ofrece únicamente con fines informativos, y es universal como tal. La presentación de la información se realiza sin contrato y sin ningún tipo de garantía endosada.

El uso de marcas comerciales en este documento carece de consentimiento, y la publicación de la marca comercial no tiene ni el permiso ni el respaldo del propietario de la misma.

Todas las marcas comerciales dentro de este libro se usan solo para fines de aclaración y pertenecen a sus propietarios, quienes no están relacionados con este documento.

Índice

Introducción	vii
1. Conocimiento del Kratom: Antecedentes botánicos	1
2. Cepas específicas	11
3. Preparaciones prescriptivas e ingesta ideal	19
4. Propiedades farmacológicas	29
5. Beneficios adicionales	45
6. Prácticas prudentes y preventivas	53
7. Evaluación de los efectos secundarios	61
8. Legalidades y responsabilidades	67
9. La experiencia del Kratom según informes de primera mano	73
10. Informe de un caso de desintoxicación hospitalaria tras una dependencia del Kratom	129
11. Caso de dependencia y abstinencia materna y neonatal de kratom	139
12. Muertes asociadas al consumo de kratom	145
Conclusión	155

Introducción

El kratom se está haciendo notar tanto en la industria de la droga como en el campo de la medicina y tiene una reputación cada vez mayor de ser una maravilla natural por sus innumerables beneficios para la salud y el bienestar.

Desde el siglo XIX, el Kratom ha sido valorado en la medicina tradicional. Sin embargo, el mundo moderno de hoy lo envuelve en controversias y debates acuciantes. La contención da lugar a si el Kratom es un tratamiento seguro para la adicción a las drogas o una peligrosa sustancia prohibida.

Recientemente, las plantas de Kratom y sus productos han atraído la atención de diversas autoridades policiales de todo el mundo. Sin embargo, ante la falta de informes sobre problemas de riesgo o consecuencias fatales derivadas directamente del uso del Kratom, su uso legal sigue prevaleciendo en algunas partes del mundo.

Para los que no conocen el Kratom, se trata de una planta medicinal que crece en algunas localidades seleccionadas de

Introducción

las regiones del sudeste asiático, especialmente en Tailandia, Malasia, Birmania e Indonesia. Sus hojas medicinales son principalmente eficaces en el tratamiento de los síntomas del dolor y la adicción a los opiáceos. También tiene fama de ser un gran inhibidor de los síntomas derivados de una serie de enfermedades antiinflamatorias.

Las hojas de Kratom contienen compuestos que crean efectos estimulantes y sedantes para los usuarios. Según los usuarios, el Kratom produce una sensación agradable que dura más que una taza de café. Los usuarios también suelen experimentar un estado de vigilia, una euforia moderada y una sensación de bienestar.

Como cualquier sustancia medicinal que modifica el estado de ánimo, las diferentes dosis producen una gama de efectos. En general, una pequeña cantidad de Kratom produce una sensación de ligera estimulación y alerta, mientras que una dosis mayor produce una sensación de sedación. El uso moderado de Kratom nunca parece perjudicar los comportamientos o promover tendencias a actos violentos.

Como sustituto de los opiáceos, el Kratom no contiene opiáceos de ningún tipo. Sin embargo, sus compuestos tienen la capacidad de unirse a los mismos receptores de opiáceos en el cerebro que se asocian con sensaciones de adormecimiento, alivio del dolor y sedación. Se ha dicho que los efectos del Kratom pueden mostrar similitudes con los estados de alteración del humor y la mente de los opiáceos.

Debido a estas diversas actividades en el cerebro, el Kratom produce una sensación general agradable. Sin embargo, a pesar de su eficacia para frenar la adicción a ciertos narcóticos, los usuarios pueden volverse adictos al propio Kratom.

Debido a su posible naturaleza de droga abusiva, algunos organismos están alborotados por el Kratom, a pesar de que en su mayoría goza de una larga historia de uso seguro. La Administración de Alimentos y Medicamentos de los Estados Unidos etiquetó el Kratom como una droga probablemente peligrosa debido a sus propiedades que pueden dañar a los seres humanos.

Actualmente, el Kratom es ilegal y está regulado en algunos países como Tailandia, Malasia, Australia, Birmania y, recientemente, Irlanda.

En esta guía informativa, le presentaré una compilación de 101 datos que debe conocer sobre el Kratom. Estos detalles numerados y detallados, desglosados a lo largo de ocho capítulos, formarán en última instancia su comprensión integral del Kratom y sus usos.

Así que avancemos y descubramos todo lo que necesitas saber sobre el Kratom.

1

Conocimiento del Kratom: Antecedentes botánicos

LA MAYORÍA de la gente tiene opiniones diferentes sobre lo que significa realmente el término "drogas". Una droga concreta suele ser diferente a su definición en el diccionario. Por ejemplo, los botánicos clasifican la mayoría de las hierbas como drogas.

Si nos atenemos estrictamente a la definición del término, droga es una sustancia o un medicamento que tiene un efecto fisiológico cuando se introduce en el cuerpo vivo. Al tratarse de mecanismos fisiológicos o biológicos, se refiere a la manera en que funciona una parte del cuerpo o un organismo vivo. Un ejemplo de ello es la ralentización de su reacción fisiológica ante la ira o la ansiedad mediante la realización de respiraciones profundas.

Dicho esto, ahora podemos determinar específicamente la naturaleza esencial del Kratom.

· · ·

Lo primero que debes saber...

En primer lugar, el Kratom se confunde a menudo con una droga. No lo es. No es una sustancia sintética ni un opiáceo típico. En su lugar, el Kratom, per se, es una planta tropical de hoja perenne -una planta medicinal de origen natural-.

La segunda cosa que necesitas saber...

Como planta autóctona que crece sobre todo en las regiones del sudeste asiático, recibe los siguientes nombres étnicos (véase la tabla siguiente)
    Lengua vernácula
    Nombre común
    Filipina
    Mambog
    Vietnamita
    Giam
    Indonesio
    Kadamba, Lugub, Puri
    Malasio
    Kutum, Ketum, Polapupot, Biak-biak, Biak
    Thai
    Bai Karthom, Krataum, Taum, Kratom, Ketum, Ithang, Thang, Thom, Kakuan, Katuan

La tercera cosa que necesitas saber...

. . .

Según la historia registrada, Pieter Willem Korthals, un botánico holandés, tiene el mérito del descubrimiento oficial de la planta de Kratom. Mientras trabajaba para la Compañía Británica de las Indias Orientales, que explotaba el comercio en todo el ámbito oriental, especialmente en el sudeste asiático, describió inicialmente la planta de Kratom en una publicación comisariada por el naturalista británico Dr. George Darby Haviland en Sarawak, Malasia, en 1839.

En su descripción destacaba que los nativos de la región utilizaban a menudo la planta de Kratom como medicina tradicional a base de hierbas para aliviar los síntomas de la diarrea y como un eficaz alivio del dolor. La planta también es conocida por mejorar la resistencia física, la libido y prolongar la duración de las relaciones sexuales.

Su uso común, sin embargo, se hizo más popular para el tratamiento de la dependencia de los opiáceos, que era frecuente en aquellos tiempos. Los pacientes consumían o masticaban las hojas de Kratom para producir una sensación placentera, y así, reducir sus síntomas de abstinencia por el abuso de opiáceos.

Hoy en día, el Kratom procesado está haciendo furor en los bares de kava, los festivales y las fiestas. En estos lugares y eventos socialmente vibrantes es donde los entusiastas suelen usarlo y/o abusar de él para conseguir un cierto subidón.

La cuarta cosa que necesitas saber…

. . .

Korthals clasificó el Kratom en la misma familia botánica que el café -Rubiaceae. También designó el nombre científico del Kratom como Mitragyna speciosa, ya que contiene abundantemente la sustancia opioide, la mitraginina, que es el principal compuesto de la planta que altera el estado de ánimo.

Quinta cosa que necesitas saber...

La planta de Kratom, de hoja perenne, puede crecer hasta 80 pies (25m) de altura y 15 pies (5m) de ancho. Sus hojas, de color verde oscuro y brillantes, tienen una media de entre una docena y 17 pares de venas.

Sexta cosa que debes saber...

La planta de Kratom es autóctona de los países del sudeste asiático de Myanmar, Malasia y Tailandia. También prospera predominantemente en Vietnam e Indonesia (especialmente en Borneo, Bali y sus territorios soberanos en Nueva Guinea).

En Filipinas, sus santuarios habituales se encuentran en los bosques de baja altitud de las principales islas de Luzón, Visayas y Mindanao. En la región suroccidental del Océano Pacífico, el Kratom crece en algunas partes de Papúa Nueva

Guinea, así como en los lugares del interior de Australia y en las provincias del monte de Nueva Zelanda.

La séptima cosa que necesitas saber...
La comercialización del Kratom procesado aún no ha penetrado del todo en los mercados globales principales. Por lo tanto, su disponibilidad no regulada y su distribución comercial suelen acabar en innumerables tiendas online. Los productos de Kratom también pueden encontrarse en head shops (tiendas especializadas que venden parafernalia utilizada con drogas ilegales).

Por lo general, se presentan en forma de tabletas/píldoras o de polvo bajo diversas marcas y empaquetadas con diseños de salud y vitalidad. Su negocio puede ser una industria nueva y floreciente, pero las autoridades consideran el comercio de Kratom como una economía sumergida debido a las controversias actuales de su uso legal, que trataré más adelante.

La octava cosa que necesitas saber...

Hay más de 40 compuestos químicos y al menos 25 alcaloides en una hoja de Kratom. Los alcaloides son compuestos orgánicos que generalmente son básicos o no ácidos (por ejemplo, la cocaína, la morfina, la nicotina y la quinina). Cada uno de estos compuestos es conocido por sus atributos medicinales o venenosos.

. . .

De estos alcaloides, la mitraginina (66%), la especioginina (6,6%-7%) y la payantina (8,6%-9%) son los más abundantes. Los estudios demostraron que la mitraginina es el alcaloide clave responsable directamente de gran parte de los efectos narcóticos del Kratom.

Sin embargo, los otros dos componentes tienen propiedades imprecisas en cuanto a cómo afectan exactamente a los humanos. Además, ambos implican complejidades extremas en una producción económica sostenible.

Novena cosa que necesitas saber...

La mitraginina y la 7-hidroximitraginina son los principales compuestos psicoactivos de una hoja de Kratom. Por un lado, las cantidades de mitraginina pueden variar mucho con la estación del año y la ubicación geográfica de crecimiento y cultivo de la planta.

Las plantas de kratom originarias del sudeste asiático suelen tener mayores cantidades de mitraginina. Si se cultivan en otros lugares, suelen tener un contenido de mitraginina menor o inexistente.

Por otro lado, la 7-hidroximitraginina sólo se encuentra en cantidades mucho menores en una hoja de Kratom, con una mísera cantidad de alrededor del 2% de sus alcaloides totales. Sin embargo, actúa como un competidor opioide fiable y se caracteriza por tener el efecto analgésico más potente.

La décima cosa que necesitas saber...

Otro compuesto químico notable en las hojas de Kratom es la epicatequina.
En realidad, es el mismo componente químico que se encuentra en el zumo de arándanos, el té verde y el chocolate negro.

La epicatequina proporciona una amplia gama de beneficios para la salud, desde la disminución de los riesgos de cáncer hasta la reducción de las influencias perjudiciales de los radicales libres presentes en el organismo. Además, es un antioxidante muy potente, que ayuda a prevenir las obstrucciones en las arterias y las oxidaciones de las células grasas y los tejidos.

También es capaz de impedir el crecimiento de microorganismos nocivos como la bacteria E-Coli.

Además, la epicatequina puede ayudar a resolver problemas de infecciones del tracto urinario (UTIS). También puede ser beneficiosa para las personas que padecen diabetes, ya que puede asemejar las propiedades de la insulina por mimetismo biológico. Igualmente, significativo es su papel vital en la inhibición de la alfa-amplasa (una enzima de la saliva responsable de descomponer los almidones en azúcares); y por lo tanto, ayuda en la reducción de los niveles de azúcar en la sangre.

Interacciones inherentes

11ª cosa que necesitas saber...

Tanto los compuestos de mitraginina como los de 7-hidroximitraginina interactúan impulsivamente con el principal triunvirato de receptores opioides -Mu, Delta y Kappa- en el cerebro humano. Es decir, causan ciertos efectos similares a los estimulantes y a los opioides. En particular, la mitraginina actúa como estimulante mientras que la 7-hidroximitraginina actúa como sedante.

12ª cosa que necesitas saber...

Por lo tanto, estos compuestos químicos gemelos pueden, en última instancia, producir una sensación de euforia, gran placer y bienestar, estados oníricos, reducción del dolor y sedación. Esto es especialmente cierto cuando los usuarios consumen grandes dosis de Kratom.

13ª cosa que necesitas saber...

. . .

Por otra parte, cuando los usuarios toman Kratom en dosis más pequeñas, a menudo informan de una mayor sensación de sociabilidad, mayor energía, locuacidad y estado de alerta en lugar de sedación. Sin embargo, estos contenidos esenciales del Kratom también pueden dar lugar a efectos secundarios incómodos y, a veces, perjudiciales. Por lo tanto, la clave está en la administración adecuada de la dosis.

2

Cepas específicas

EN LA ACTUALIDAD existen varias cepas diferentes de Kratom en el mercado. Una de las razones de su sobreabundancia es la práctica de los productores de Kratom de combinar dos tipos diferentes, y luego, marcar las mezclas resultantes en nuevos tipos con nombres de fantasía.

Otra explicación podría ser la categorización del Kratom por su región de origen (es decir, indonesio rojo, Sumatra verde, Bali blanco, etc.).

14ª cosa que necesitas saber...

El hecho es que sólo tres cepas específicas principales componen toda la clasificación del Kratom: White Vein, Green Vein y Red Vein. Obviamente, los detalles de la forma y la estructura de una hoja de Kratom determinan y distinguen estas cepas principales entre sí.

Aclaraciones sobre la clasificación de los colores

Aunque parece lógico basar la clasificación de las cepas de Kratom en el color específico de las venas de sus hojas, esto no siempre se aplica. En realidad, es más importante aprender cómo cada una de estas cepas de Kratom se convierte en su color característico.

15ª cosa que necesitas saber...

El color de la cepa resultante no denota necesariamente el color original de las venas. Los entusiastas del kratom suponen que entre el 75% y el 85% de las variedades blancas y verdes disponibles en el mercado son originalmente hojas con vetas rojas.

Un buen ejemplo es el Borneo Verde. Se trata de una hoja originalmente con vetas rojas, pero secada mediante un proceso específico para obtener su característico color verde. Por lo tanto, el color original de las venas es insignificante; lo que importa más es cómo los agricultores procesan las hojas después de cosecharlas.

16ª cosa que necesitas saber...

. . .

Normalmente, los cultivadores secan las hojas verdes en un espacio con aire acondicionado y con poca o ninguna iluminación antes de secarlas en el exterior durante una hora.

La elaboración de los blancos suele consistir en el secado de las hojas en el interior sin iluminación.

La obtención de los rojos se consigue fermentando las hojas o sometiéndolas a distintos tipos e intensidades de exposición a la luz (es decir, luz de lámpara, luz solar o luz ultravioleta).

17ª cosa que necesitas saber...

Otros factores cruciales para conseguir colores específicos de las cepas son el lugar de origen de la planta, la constitución del suelo y la estación del año. Normalmente, las estaciones lluviosas producen hojas pálidas o más brillantes, que son menos potentes. Por el contrario, los Kratoms cosechados durante las estaciones secas muestran hojas más oscuras que tienen efectos narcóticos y son más potentes.

Aunque la mayoría de las variedades blancas y verdes se originan en las hojas con vetas rojas, en realidad existen hojas con vetas blancas y verdes. Sólo que estas especies de hojas suelen ser raras de encontrar.

En conclusión, el proceso de secado de las hojas de Kratom de cultivo es la clave para cambiar los colores de las cepas.

Los cultivadores sólo tendrán blanco, verde, rojo y Bentuangie (hoja fermentada con vetas rojas).

Blancos acuosos
18ª cosa que necesitas saber...

Kratom de vena blanca (Tang Gua): El Kratom blanco se encuentra en el lado opuesto del Kratom rojo en el espectro de cepas de Kratom. Denota que tiene suficiente volumen de agua durante todo su ciclo de vida; por lo tanto, tiene bajos niveles de 7-hidroximitraginina. Por esta razón, los productores suelen mezclarlo con una cepa verde o roja para lograr efectos potentes del escaso alcaloide.

Potencias proporcionadas:
- Actúa como un ligero sustituto de la cafeína
- Provoca la relajación muscular
-Mejora la concentración mental y la capacidad de atención
- Aumenta el estado de alerta, la vigilia y la creatividad
- Combate la inquietud social y refuerza la confianza en sí mismo
- Alivia el dolor y las sensaciones irritantes
-Mejora el estado de ánimo general con efectos de euforia

Profesionales/pacientes preferidos:
- Consumidores habituales de cafeína
- Los que sufren de abstinencia de opioides
-Las personas que experimentan síntomas de dolor
- Personas con estrés/depresión y ansiedad

Verdes generosos

19ª cosa que necesitas saber...

Kratom de vena verde (Yakyai): Señalada como la cepa intermedia entre los Kratoms blancos y rojos, no es una opción ni la menos ni la más cara. En resumen, es una cepa moderada. Es popular por su sabor más sofisticado en comparación con el sabor ligeramente amargo del Kratom rojo.

El Kratom verde tiene efectos potentes más equilibrados, ya que contiene niveles generosamente iguales de alcaloides. Por ello, la mezcla de Kratoms verdes es ideal para lograr los efectos completos de cada hoja combinada. Normalmente, el Kratom verde es una mezcla de Kratoms rojos y blancos.

Potencias proporcionadas:
- Posee aplicaciones similares a las de los Kratoms blancos, pero con efectos más intensos

Profesionales/pacientes preferidos:
- Recomendado a los mismos usuarios de Kratom blanco, pero con una experiencia más placentera

Rojos regionales

. . .

20ª cosa que necesitas saber...

Kratom de vena roja (Kan Daeng): El Kratom rojo es específicamente regional, únicamente un producto tailandés. Es la variedad de Kratom más popular y más vendida. Su característica distintiva es su capacidad para crecer en cualquier tipo de ambiente, ya sea en agua o en zonas secas.

Esencialmente, los Kratoms rojos son sedantes. Su efecto natural de adormecimiento -similar al de la morfina- para aliviar los síntomas de dolor realza más su reputación como potente sedante que como estimulante.

Potencias proporcionadas:
- Posee los efectos más potentes atribuidos por los Kratoms blancos y verdes, excepto que es un potente sedante, aunque también surgen efectos de mejora del estado de ánimo más suaves de la cepa.

Profesionales/pacientes preferidos:
- Muy aconsejable para los pacientes dependientes de los opiáceos, ya que iguala la mayoría de los efectos sensoriales de los opiáceos con menos efectos secundarios

Cepas estimulantes

. . .

21ª cosa que necesitas saber...

Kratoms Maeng Da y Thai: El Kratom Maeng Da es un tipo de Kratom tailandés mejorado genéticamente. Comercialmente, los Maeng Da Kratoms rojos y verdes son mezclas que contienen una cepa blanca.

Las evaluaciones científicas revelan que la adición de la cepa blanca hace del Maeng Da la cepa estimulante más potente de Kratoms.
También es ideal para mejorar el estado de ánimo y aliviar el dolor, además de ser una cepa excelente para revitalizar al usuario.

El Kratom tailandés es un potente potenciador de la energía. Al igual que el Maeng Da, tiene intensas propiedades analgésicas. La mezcla blanca/verde del Kratom tailandés es también un potente estimulante para contrarrestar la ansiedad y la depresión. Sin embargo, carece de cualidades analgésicas.

Cepas sedantes

22ª cosa que necesitas saber...

Kratoms de Indo, Bali y Borneo: El Kratom de Borneo es un relajante muscular más fuerte que el Indo Kratom.

También tiene su propio olor distintivo, que es fácil de reconocer. Es una cepa sedante versátil, que sirve como analgésico y potenciador del estado de ánimo con menos efectos secundarios.

El Kratom de Bali es el más económico, principalmente por su rápido crecimiento y las cualidades de su hoja de mayor tamaño. La administración de su dosis adecuada puede ser complicada, ya que tiene un umbral muy bajo para el efecto de tambaleo. Como solución, los expertos suelen contrarrestar el inconveniente combinándolo con otras cepas.

3

Preparaciones prescriptivas e ingesta ideal

El mercado ofrece dos formas principales de Kratom procesado - polvo y extracto - además de la propia hoja nativa. Los usuarios toman estas formulaciones comunes de las siguientes maneras:

Hoja de vida

23ª cosa que necesitas saber...

Hojas frescas o secas: Puedes fumar o masticar una hoja de Kratom fresca o seca.

Fumar - Para fumar Kratom, hay que triturar una hoja de Kratom seca y enrollar las partículas con otra hoja seca.

. . .

Sin embargo, este método es poco práctico debido a las dosis sustanciales y no reguladas de las hojas que se pueden fumar fácilmente.

Masticar - Los usuarios pueden cortar la vena central fibrosa y fibrosa de una hoja de Kratom recién recogida antes de masticarla. Después de extraer el jugo de la masticación, se puede tragar el material masticado y seguir bebiendo café, té o agua.

Normalmente, puedes masticar de una a tres hojas frescas para adquirir efectos de vigor y euforia. Sin embargo, dado que las hojas secas de Kratom tienen una textura áspera, es posible que prefieras triturarlas primero hasta convertirlas en polvo para facilitar su ingestión.

Polvo de potencia

24ª cosa que necesitas saber...

Forma de polvo: Puedes hacer Kratom en polvo fácilmente poniendo el Kratom seco - ya sea entero o triturado o las hojas molidas gruesas - en tu molinillo de café o licuadora de cocina.

Después, procesa las hojas durante unos 5 minutos o más a alta velocidad.

. . .

Preparado para el método Toss-N'-Wash - Esta es la forma más rápida, sencilla y fácil de consumir Kratom. También es el mejor método para obtener los efectos más rápidamente.

Sólo tiene que medir la dosis deseada o recomendada y verterla en la boca. Trágatelo inmediatamente con un trago de agua.

También puedes preferir dividir tu dosis en dos bocados en lugar de hacerlo de una sola vez. Cuanto menos polvo de Kratom te eches en la boca, más fácil te resultará dar un trago y tragar.

Preparado como tableta/cápsula o píldora - Varios proveedores ofrecen hojas de Kratom en polvo en forma de tabletas o píldoras. También venden Kratom simple, finamente pulverizado. Puedes poner el Kratom refinado en cápsulas. Este es el método idealmente conveniente para evitar el sabor del Kratom, esto también funciona mejor para las personas en movimiento.

Sin embargo, el inconveniente de utilizar esta formulación son los distintos tamaños y capacidades de las cápsulas. Por ejemplo, una cápsula de tamaño-00 sólo contiene 0,5 gramos de polvo. Por lo tanto, si la dosis recomendada es de 5 gramos, deberá consumir 10 cápsulas para obtener el efecto deseado.

. . .

25ª cosa que necesitas saber...

Kratom en polvo mezclado con agua u otras bebidas: Entre las prácticas más comunes para esta formulación están las siguientes:

Preparado como pasta - Aquí hay una receta para preparar pasta de Kratom en polvo para beber:
1. En un vaso pequeño y vacío, coloca una sola dosis de Kratom en polvo.
2. Vierta el agua suficiente para crear una pasta suave. Remover la mezcla para que el polvo absorba el agua por completo o hasta conseguir una consistencia de pasta homogénea.
3. Con la ayuda de una cuchara, llévate a la boca una pasta fácil de tragar. Tome inmediatamente un gran trago con un vaso de agua.
4. Repita la operación de recoger, tragar y tragar hasta que haya consumido toda la dosis.
NOTA: Tenga cuidado de no tomar demasiada pasta de una sola vez para evitar ahogarse accidentalmente con la mezcla.

Preparado como Lechada/Smoothie - Aquí está la receta para preparar Kratom en polvo como lechada o smoothie:
1. Añade tu dosis típica de Kratom en polvo a un vaso lleno de 8 onzas de agua u otra bebida.
2. Remover bien hasta que el polvo esté completamente suspendido. Bebe un trago rápido antes de que tenga la oportunidad de asentarse.

3. Añade media taza de agua al vaso para lavar y recuperar las partículas que se adhieran a los lados. Remover y beber.

4. Ahuyenta el sabor amargo bebiendo un zumo de frutas o masticando un chicle con sabor a menta.

Preparado como batido de proteínas - Aunque la mayoría de los usuarios afirman disfrutar de mejores efectos ingiriendo Kratom mezclado con batidos de proteínas, la mezcla tiene en realidad más calorías. De todos modos, esta formulación, especialmente hecha con leche de chocolate, es la forma más agradable y sabrosa de ingerir Kratom.

La leche con chocolate enmascara notablemente el sabor amargo del Kratom. Además, su viscosidad es ideal para evitar que el Kratom se asiente, incluso al remover la mezcla.

Sin embargo, para crear un batido suave sin los grumos de Kratom en polvo flotando en la parte superior, siga este sencillo procedimiento:

1. Poner una dosis de Kratom en polvo en un vaso vacío.

2. Vierta un volumen igual de leche con chocolate en el vaso. (Normalmente, utilice 1 taza de leche de chocolate por dosis de Kratom).

2. Remover bien hasta que el Kratom en polvo absorba el líquido por completo o hasta conseguir una consistencia de pasta homogénea.

3. Añadir más cucharadas de leche con chocolate. Remover de nuevo hasta conseguir una consistencia suave y sin grumos.

4. Verter el resto de la leche con chocolate. Remover de

nuevo hasta que se mezcle bien. 5. Beber hasta que el vaso esté vacío. (Se puede añadir un poco de leche con chocolate al vaso para lavar y recuperar las partículas pegadas a los lados. Remover y beber).

NOTA: La leche de almendras no láctea, con sabor a chocolate, es también una mejor alternativa para la leche de chocolate. Preparado como zumo - El polvo o el extracto de kratom puede mezclarse bien con un zumo fresco.

Puedes mezclarlo con tus frutas favoritas y elegir un par de verduras. Sólo necesitas tu batidora de cocina de confianza y ya estás listo.

Para empezar, inspírate en esta sencilla receta de zumo de frutas y verduras de Kratom:

Combine todos los ingredientes siguientes en una batidora y procese la mezcla durante un minuto aproximadamente o hasta que esté bien mezclada:

1. Kratom en polvo
2. Una manzana, cortada en trozos grandes
3. 2 zanahorias, cortadas en trozos grandes
4. Zumo de un limón
5. Un puñado de col rizada o espinacas, picadas en trozos grandes
6. Una pizca de jengibre en polvo

NOTA: También puedes mezclar Kratom en polvo con puré de manzana, leche, yogur y kéfir (una bebida cremosa hecha de leche de vaca fermentada, o a veces, de cabra).

En forma de té

. . .

26ª cosa que necesitas saber...

Té de Kratom: También puedes preparar o infusionar hojas secas de Kratom con agua caliente o fría y beberlo como té.

Históricamente, la práctica de preparar un té de Kratom eficaz consiste en combinar una dosis de Kratom con 8 a 10 onzas de agua y dejarla reposar durante unos 10 minutos a fuego lento o 15 minutos a fuego lento, y luego colar las hojas para producir el té.

Sin embargo, sugiero hacer Té de Kratom usando esta receta:

1. Poner 2 onzas (56 gramos) de hojas de Kratom secas, trituradas o molidas gruesas en una olla. Vierte 1 un litro de agua y hierve la mezcla durante unos 15 minutos.

2. Vierta el té a través de un colador en un bol. Apretar las hojas en el colador para escurrir la mayor parte del líquido. Reservar el líquido.

3. Volver a poner las hojas coladas en la olla. Vierte otro litro de agua fresca y vuelve a hervir durante 15 minutos. 4. Repite el paso 2. Desecha las hojas. Combinar los dos líquidos reservados vertiéndolos de nuevo en la olla. Hervir hasta reducir el volumen a aproximadamente 1 taza (250 mL).

NOTA: La técnica de hervir a un volumen pequeño es para permitir tragar cada dosis individual rápidamente. Esta receta produce suficiente té para unas ocho dosis moderadamente fuertes, si se utilizan hojas de Kratom de "primera calidad".

. . .

Sin embargo, puede hervir el té hasta alcanzar la concentración deseada. Sólo hay que tener cuidado cuando se acerque el final del proceso de ebullición. Cuando el té comienza a ser almibarado, puede salpicar y/o quemarse. También puede aplicar este método de preparación general con cantidades mayores o menores de Kratom; simplemente ajuste el volumen de agua utilizado.

El té de kratom tiene un sabor amargo, por lo que puedes endulzarlo añadiendo miel o azúcar. Sin embargo, si lo prefieres, puedes beberlo rápidamente de un trago y perseguirlo rápidamente con la bebida que prefieras.

Puedes almacenar el té de Kratom de forma segura en el refrigerador durante una semana o más. Incluso se puede almacenar durante varios meses, siempre y cuando se añada un 10% de alcohol para conservarlo. Es decir, añadiendo una parte de licor de 80 grados (es decir, ron o vodka) a tres partes de té de Kratom.

Al refrigerar el té de Kratom, algunos de sus componentes pueden depositarse en el fondo del recipiente. Los sedimentos formados contienen en realidad alcaloides activos de Kratom, por lo que debes disolverlo de nuevo antes de beberlo calentándolo y removiéndolo.

Extracto estimulante

. . .

27ª cosa que necesitas saber...

Jarabe de Kratom o extracto de resina: Puedes preparar el jarabe para preparar el té de Kratom. Sólo tienes que hervir más el té y obtener su sustancia en forma de jarabe.

Siempre se puede guardar este jarabe en la nevera para su uso posterior. El uso común del jarabe de Kratom es para fumarlo en una pipa, similar al procedimiento de fumar opio.

Si se evapora completamente el agua del té de Kratom, se obtendrán pequeñas bolitas de extractos similares a la resina. Esto se puede preparar posteriormente como una dosis líquida o como una bola de Kratom endulzada. Algunas personas optan por tragar el pellet directamente o disolverlo en agua caliente, y beberlo como té.

28ª cosa que necesitas saber...

Mezcla de alimentos de Kratom: El sabor del extracto y del polvo de Kratom puede ser bastante desafiante para tus papilas gustativas. Puedes usar el Kratom en ciertas recetas de comida. Uno de mis favoritos es el Kratom de avena. Siga la receta a continuación para su preparación:

1. Poner de 5 a 7 gramos de polvo de Kratom en un bol.
2. Añade una taza de avena seca o instantánea.

2. Verter el agua o la leche calentada en la mezcla. Remover bien durante 3 a 5 minutos o hasta que se cocine completamente la avena.

3. Añade miel, azúcar moreno o extracto de Stevia para endulzar. Para mejorar la textura, añada algunas nueces o arándanos.

4

Propiedades farmacológicas

Las amplias propiedades medicinales del Kratom siguen siendo objeto de continuos estudios y desarrollos.

Sin embargo, de lo que sí podemos estar seguros, como se describe en el capítulo 2, es de que el Kratom ha evolucionado en variedades más amplias de cepas debido a sus diferentes procesos de cultivo o técnicas de cría, así como a sus orígenes geográficos de crecimiento.

Como resultado, cada una de estas cepas puede diferir ampliamente en sus efectos farmacológicos -categorizados principalmente en moderados, sedantes y estimulantes.

La 29ª cosa que necesitas saber...

. . .

Al igual que ocurre con todos los agentes psicoactivos, las diferentes dosis pueden producir una serie de efectos. El uso moderado de Kratom no parece promover tendencias violentas ni perjudicar el control motor. Las pequeñas dosis de Kratom crean sensaciones de alerta y estimulación leve, mientras que las dosis mayores producen sensaciones de sedación.

Fuerte estimulante sensorial y estados sedantes calmantes

30ª cosa que necesitas saber...

Según los conocedores del Kratom, los Kratoms rojos son más sedantes, mientras que los Kratoms verdes y blancos son las variedades más estimulantes.

31ª cosa que necesitas saber...

Estado estimulante: En este nivel de dosis, el Kratom difiere de otros estimulantes del sistema nervioso central (SNC) como las drogas anfetamínicas, la cafeína y el cacao. Se inclina más a influir en los aspectos cognitivos que en los físicos, como se indica a continuación:
  - Aumenta el estado de alerta y la conciencia
  - Potencia las energías físicas y sexuales
  - Motiva la voluntad de hacer las cosas
  - Mejora las habilidades de las actuaciones monótonas
  - Aumenta los niveles de estado de ánimo positivo

- Evita el estrés, la depresión y la ansiedad
- Aumenta los niveles de confianza y sociabilidad

32ª cosa que necesitas saber...

Estado sedante: En este nivel de dosificación, el Kratom induce a tu cuerpo a sentir estados de euforia al tiempo que potencia sus cualidades analgésicas:
- Reduce la sensibilidad al dolor emocional o físico
- Provoca disposiciones de tranquilidad y relajación
- Induce sentimientos generales de confort y placer
- Introduce un agradable estado de ensoñación
- Aumenta los niveles de apreciación de la música

Esta dosis también puede tener efectos secundarios, que incluyen:
- Sudoración profusa o picor
- Pupilas de los ojos más pequeñas o constreñidas
- Sensación de náuseas, pero podría remitir rápidamente al acostarse y relajarse

Dosis definitivas

33ª cosa que necesitas saber...

Las cantidades apropiadas de Kratom que usted debe comprar deben estar de acuerdo con la frecuencia de su uso previsto. Sin embargo, es muy recomendable no utilizar el Kratom a diario.

. . .

En primer lugar, siempre es mejor ser precavido que cometer errores o arriesgarse con una dosis incorrecta, sobre todo si se es principiante.

La siguiente imagen le mostrará una guía general de las comparaciones de potencia de las cepas de Kratom más comunes disponibles en el mercado:

Cepa de Kratom
Potencial enérgico, %
Potencial sedante, %
Potencial para alivio del dolor, %

Rojo Maeng Da
Rojo Sumatra
Rojo Indonesia
Rojo Vein Thai
Verde hoja con cuernos
Verde Maeng Da
Verde Sumatra
Verde Indonesia
Verde Vein Thai
Blanco hoja con cuernos
Blanco Maeng Da
Blanco Sumatra
Blanco Bali
Blanco Vein Thai
34ª cosa que necesitas saber...

Una pauta de uso seguro sería utilizar el Kratom no más de una o dos veces por semana. Mucho mejor, nunca tomarlo más de una o dos veces en un mes, pero te sugiero que busques la opinión de un médico o un profesional de la medicina antes de ingerirlo o autoprescribirlo.

Los efectos secundarios de ingerir Kratom con demasiada frecuencia pueden llevarte a desarrollar fuertes dependencias al Kratom. Además, sólo te inclinarías a cambiar efectivamente una adicción por otra, especialmente si usas Kratom para evitar los síntomas de abstinencia de narcóticos como la heroína.

En resumen, reserve el uso de Kratom como un placer especial, pero ocasional. El uso infrecuente de Kratom le asegurará recibir más placer mientras evita la adicción o el desarrollo de una mayor tolerancia.

35ª cosa que necesitas saber...

Para su correcta orientación, consulte las Tablas 3 y 4 para las dosis orales recomendadas típicas de las variedades actuales de Kratom.
Cepa
Efecto
Dosis
Bali
Euforia, parecido a los opiáceos traducionales
½ - 3 cucharaditas
Maeng Da
Energizante, estimulador, analgésico
½ - 3 cucharaditas

Rojo Vein Thai
Similar a la Bali
½ - 3 cucharaditas
Rojo Vein Bali
Sedante, parecido a los opiáceos
½ - 3 cucharaditas
Verde Vein Bali
Estimulante, analgésico
½ - 3 cucharaditas
Blanco Vein Thai
Euforia, estimulante
½ - 3 cucharaditas
Super Indonesa
Similar a la Bali, pero con menos euforia
½ - 3 cucharaditas
Super Verde Malasia
Estimulante y menos euforia
½ - 3 cucharaditas
Ultra-mejorada Indonesa
Máxima euforia y reduce la ansiedad
1 gramo o menos si se mezcla con hoja en polvo
Ultra-mejorada Maeng Da
Poderoso estimulante y analgésico
1 gramo o menos si se mezcla con hoja en polvo
Thai Essence
Similar al efecto del Maeng Da
1 gramo o menos si se mezcla con hoja en polvo
Tintura de Espectro Completo (TEC)
Versión líquida de la Ultra-Mejorada Indonesa
0.25 ml o más

Kratom de calidad premium

Intensidad de los efectos
Dosis
Umbral
2-4 gramos
Ligero
3-5 gramos
Moderado
4-10 gramos
Fuerte
8-15 gramos
Muy fuerte
12-25 gramos

Kratom ultra potente

Intensidad de los efectos
Dosis
Umbral
1-3 gramos
Ligero
2-4 gramos
Moderado
3-7 gramos
Fuerte
6-10 gramos
Muy fuerte
8-16 gramos

Extracto de Kratom

Intensidad de los efectos
Dosis
Umbral

1 gramos
Ligero
1-2 gramos
Moderado
2-4 gramos
Fuerte
3-6 gramos
Muy fuerte
5-8 gramos

La 36ª cosa que debes saber...

Para distinguir la intensidad clasificada de los efectos, tenga en cuenta lo siguiente
- Umbral - denota efectos aparentes, aunque sutiles
- Leve - implica efectos típicamente estimulantes
- Moderado - connota efectos que pueden ser sedantes-eufóricos-
analgésicos o estimulantes
- Fuerte - describe efectos sedantes | eufóricos | analgésicos; intensamente
fuerte para usuarios muy sensibles
- Muy fuerte - significa efectos sedantes | eufóricos | analgésicos potentes; intensamente fuerte para la mayoría de los usuarios.
efectos; intensamente fuerte para la mayoría de los usuarios

37ª cosa que necesitas saber...
. . .

La sensibilidad y la tolerancia al Kratom varían para cada usuario individual. Si usted es hipersensible al Kratom, entonces puede experimentar ciertas reacciones adversas, como vómitos y sensibilidad estomacal.

38ª cosa que necesitas saber...

Como se recomienda, siempre debe comenzar su consumo de Kratom con una dosis baja. También deberías seguir el mismo consejo cuando tomes muestras con un nuevo lote o conjunto de Kratom.

39ª cosa que necesitas saber...

Cuando se consumen dosis altas de Kratom, lo ideal es tomarlo con el estómago vacío o unas 3 horas después de comer. Alternativamente, tómalo por la mañana o alrededor de un par de horas antes de comer.

Aunque se puede tomar con alimentos, los efectos se reducen. En este caso, tu cuerpo tiende a desarrollar una tolerancia que requiere tomar dosis más altas de lo normal para alcanzar el efecto deseado.

40ª cosa que necesitas saber...

. . .

Independientemente del Kratom en polvo que compres, nunca persigas el subidón y, sobre todo, habla siempre con un médico antes de tomar cualquier medicamento.

41ª cosa que necesitas saber...

Como guía general de dosificación, especialmente para los nuevos usuarios de Kratom, lo crucial es averiguar su dosis recomendada para una cepa particular de Kratom. Los siguientes procedimientos te ayudarán a descubrir tu dosis de Kratom necesaria si vas a automedicarte:

Paso 1: Con el estómago vacío, tome unos 2-3 gramos de polvo de Kratom. Después de 20 a 30 minutos, notarás sus efectos (Este paso es obligatorio cada vez que intentes tomar una nueva variedad de Kratom).

Paso 2: Evalúe estos efectos o sensaciones después de unos 45 minutos a una hora. Si no siente nada, entonces aumente la dosis; añada alrededor de 1 a 2 gramos.

Paso 3: Vuelva a evaluar los efectos después de 15 minutos. Si consideras necesario aumentar un poco la dosis, entonces añade entre 0,5 y 2 gramos.

Paso 4: En esta etapa, ya debería sentir algo más de placer. Sin embargo, después de unas 4 o 5 horas, es posible que quieras tomar más. Repite el paso 3 y añade un poco más, utilizando la misma cepa de Kratom, pero ten mucho cuidado de no excederte en la dosis, especialmente si eres nuevo en probar el Kratom.

42ª cosa que necesitas saber...

. . .

Como regla general, especialmente para los principiantes, de 3 a 5 gramos de polvo de Kratom es suficiente como dosis introductoria para los receptores frescos de tu cerebro. Si pesas menos de 150 libras, entonces 1,5 gramos será tu dosis suficiente para empezar.

43ª cosa que necesitas saber...
Cuando se utiliza el Kratom de forma irregular, o para aquellos que tienden a rotar su consumo por diferentes cepas, se aconseja la misma dosis segura de 1,5 gramos para empezar con cada cepa.

La tolerancia, sin embargo, es temporal. Unos días o semanas de abstinencia pueden reanudar los niveles normales de sensibilidad. De todos modos, deberías evitar cualquier tolerancia al Kratom antes de que se pierda tu propósito.

Dicho esto, es importante aprender a utilizar el Kratom de forma eficiente y eficaz sin sucumbir a ninguna forma de tolerancia. Aparte de determinar las cantidades de la dosis, como ya se ha comentado, deberías considerar espaciar y rotar tu dosis para evitar adquirir una fuerte tolerancia.

44ª cosa que necesitas saber...

Dosis de Kratom espaciadas: El espaciamiento de la dosis asegura que los receptores de tu cerebro sigan funcionando con sus niveles de reacción básicos/normales. Así, no tendrás tendencia a aumentar tu tolerancia. Independientemente de los problemas de tratamiento, es más prudente restringir el uso de Kratom a una sola vez al día si has sido un "consumidor empedernido". Tomarlo dos veces al mes como máximo sería preferible para los nuevos usuarios.

45ª cosa que necesitas saber...

Rotación de cepas de kratom: Algunos "heavy users" encontraron el éxito en la prevención de la tolerancia mediante la alteración de las cepas utilizadas cada vez. Esto asegura variar los comportamientos o niveles de reacción de los receptores cerebrales. Así, el cerebro trata cada cepa sometida como un nuevo elemento a procesar.

Por ejemplo, evite utilizar permanentemente una sola variedad, por ejemplo, una Thai de vena roja; en su lugar, cambie a una Bali de vena verde como alternativa para su uso posterior. Lo ideal es tener al menos cuatro variedades de cepas para utilizarlas en orden rotativo.

Aparte de dejar de crear tolerancia, la rotación de cepas reduce las posibilidades de experimentar el "agotamiento de la cepa". Esta es una condición perjudicial en la que te vuelves casi inmune a cualquiera de los efectos de una cepa específica de Kratom.

. . .

Eficacia

46ª cosa que necesitas saber...

Cuando se ingiere cualquier variedad de Kratom, normalmente se tarda entre 20 y 40 minutos en experimentar las sensaciones relacionadas con lo que se ha consumido. En cuanto percibas estas sensaciones, los efectos durarán entre 3 y 6 horas.

47ª cosa que necesitas saber...

Cuando se toma Kratom con el estómago vacío, se sentirá la aparición de los efectos entre 30 y 40 minutos después de la ingestión. Cuando se ingiere Kratom con el estómago lleno, los efectos suelen comenzar entre 60 y 90 minutos después de la ingesta.

48ª cosa que necesitas saber...

Cuando se toma en cápsulas de gelatina o vegetarianas, los efectos se retrasan mucho más de lo habitual, ya que las cápsulas tardan más en disolverse en el estómago.

49ª cosa que necesitas saber...

En general, los efectos del Kratom blanco duran unas 3 horas; el Kratom rojo, unas 5 horas; y el Kratom verde puede durar hasta 8 horas.

50ª cosa que necesitas saber...

Sin embargo, la eficacia del Kratom ingerido depende de lo acostumbrado que estés a los efectos de cada cepa de Kratom.

Si has desarrollado tolerancia a las diferentes cepas, lo más probable es que sientas un impacto mucho menor del que tendrías al tomar el suplemento por primera vez.

Costes actuales

51ª cosa que necesitas saber...

Un punto crucial a tener en cuenta en el precio del Kratom depende de la cantidad, la calidad y el tipo de Kratom. Ante todo, los precios de las cápsulas de Kratom son muy diferentes a los del polvo suelto, los extractos, las hojas, las resinas o las tinturas. Aunque los polvos sueltos y el contenido de la cápsula son casi similares, las cápsulas son más costosas ya que se pueden tomar convenientemente en forma de píldora.

. . .

52ª cosa que necesitas saber.

El precio vigente del polvo de Kratom oscila entre 12 y 21 dólares americanos por onza.

Los Kratoms en cápsulas cuestan una media de 16 dólares por frasco de 1 onza.

Las resinas de Kratom cuestan alrededor de 15 dólares por 15 gramos (esto significa que se necesitan 15 gramos de hojas de Kratom para hacer resina de Kratom pura).

Las tinturas o concentrados de kratom pueden costar desde 100 dólares por frasco de 6 ml hasta 430 dólares por frasco de 30 ml.

Los extractos de Kratom son más caros que el clásico polvo de Kratom porque son preparados superconcentrados. La ventaja de tomarlo es que en dosis más pequeñas se consiguen los efectos deseados. Generalmente, la dosis completa oscila entre 0,5 gm y 1 gramo. Lo que significa que su precio final resulta ser el mismo que el de esos polvos por dosis.

53ª cosa que necesitas saber...

En comparación con la mayoría de las drogas médicas, el Kratom es mucho menos costoso. Esta ventaja en el precio se deriva del hecho de que sólo necesitas tomar pequeñas dosis de Kratom para sentir los efectos al instante. A diferencia de otras drogas médicas, el médico aborda su problema de salud con varios medicamentos para que usted los compre y los tome dentro de una duración definida, que a menudo se extiende por semanas. Al final, estos medicamentos recetados pueden perjudicar mucho a tu bolsillo.

54ª cosa que necesitas saber...

Por lo tanto, cuando busque productos de Kratom a los mejores precios y reciba el máximo valor por su dinero, el sentido común dicta que debe comparar el precio con la calidad del producto.
Además, dado que la comercialización de Kratom existe predominantemente en las tiendas en línea, debe conocer la fiabilidad y la honradez de estas fuentes.

Encontrar la forma de comprar y utilizar el Kratom de forma efectiva puede ser un reto. Implica mucho ensayo y error; por lo tanto, al comprar Kratom, asegúrese de hacer su debida diligencia sobre la fiabilidad de la empresa/sitio web donde va a comprar.

5

Beneficios adicionales

La reciente aparición de los Kratoms en las noticias ha atraído mucha atención. Una reciente publicación de la CNN ha detallado los efectos beneficiosos que los Kratoms han tenido en las vidas de una multitud de personas de todo el mundo que sufren de dolor debilitante y de aquellos que luchan contra la adicción a los narcóticos, en particular el abuso del opio, la heroína y las anfetaminas. Esto causó un gran revuelo e inició un debate sobre los beneficios y los peligros del uso del Kratom. Vamos a explorarlos ahora.

Inhibidor de enfermedades inflamatorias

55ª cosa que necesitas saber...

El kratom tiene una diversidad de efectos medicinales debido a su perfil único de compuestos orgánicos.

· · ·

Como medicina herbal versátil, sirve como un fuerte agente para inhibir una variedad de enfermedades atribuidas en gran medida a la inflamación:
- Anticonvulsivo (relaja los músculos)
- Antidepresivo (alivia la depresión)
- Antidiarreico (trata la diarrea)
- Antiinflamatorio (reduce la inflamación)
- Antileucémico (actúa contra la leucemia)
- Antimalárico (previene la malaria)
- Antipirético (alivia la fiebre)
- Antitusivo (suprime la tos)
- Ansiolítico (reduce la ansiedad)
- Aumenta los niveles de energía
- Eleva el estado de ánimo a cotas de euforia
- Estimula el sistema inmunológico
- Reduce la hipertensión y los niveles de azúcar en sangre
- Nootrópico (mejora las funciones cognitivas)
- Mantenimiento con opiáceos (como sustancia de sustitución)
- Alivio de la abstinencia de opiáceos
- Alivio del dolor

Terapias y tratamientos tradicionales

56ª cosa que necesitas saber...

Históricamente, los primeros usuarios de Kratom encontraron sus hojas como tratamientos eficaces para superar el estrés. En particular, los trabajadores manuales masculinos utilizaban el Kratom para mejorar su resistencia física como medio para evitar el estrés del trabajo duro.

. . .

57ª cosa que necesitas saber...

Los primeros documentos sobre el bienestar en Malasia y Tailandia también revelan que la aplicación del Kratom se ha convertido en una sustancia alternativa asequible y popular al uso del opio. Sin embargo, nunca ha habido pruebas clínicas sustanciales y estudios médicos para ayudar a la gente a entender los amplios efectos sobre la salud de Kratom.

Incluso las expectativas de futuro del Kratom evaluadas tanto por la Administración de Alimentos y Medicamentos de los Estados Unidos (FDA) como por la Administración para el Control de Drogas (DEA) parecen ser sombrías. Sin embargo, se ha registrado una gran cantidad de beneficios por el uso o la toma de Kratom en formas específicas. Algunas de las principales aplicaciones son:

58ª cosa que necesitas saber...

Terapia para la adicción a los opiáceos: El Kratom ha sido cada vez más popular entre las personas que sufren de adicción a los opiáceos y que intentan librarse de las drogas ilegales. Los compuestos de la hoja de Kratom ayudan a reducir los efectos secundarios de la abstinencia del opio, ya que imitan la mayoría de las sensaciones y efectos que los opioides proporcionan a los usuarios.

. . .

En Asia, muchos drogadictos en recuperación mastican hojas de Kratom que producen un efecto consistente y psicológico para combatir los síntomas de la abstinencia de opiáceos.

Además, en comparación con el uso de drogas más duras, el método de masticar las hojas proporciona un impulso seguro e instantáneo relacionado con su adicción.

59ª cosa que necesitas saber...

En comparación con el uso de opioides, la depresión respiratoria o la respiración lenta nunca ha sido parte de los efectos del uso de Kratom. La depresión respiratoria es un factor típico y mortal en el abuso de opioides, ya que el opio tiene la capacidad de apagar el sistema respiratorio, particularmente durante una sobredosis.

60ª cosa que necesitas saber...

Tal y como confirman las investigaciones, el Kratom puede tener cualidades adictivas, sólo por sus efectos placenteros. A veces, este tipo de adicción es simplemente una interpretación de una tolerancia en desarrollo para los usuarios intensivos y diarios. El hecho es que casi ninguno de los elementos de la planta es adictivo. Por lo tanto, en realidad, el potencial de abuso del Kratom puede ser muy bajo.

61ª cosa que necesitas saber...

Dado que el Kratom es un producto no regulado, sólo unos pocos estudios sobre la planta son fiables. Sin embargo, muchos informes anecdóticos apoyan el papel beneficioso del Kratom para ayudar a las personas a superar la abstinencia de opiáceos.

62ª cosa que necesitas saber...

La Asociación Americana de Científicos Farmacéuticos (AAPS) confirmó que los compuestos alcaloides del Kratom podían unirse fácilmente a los receptores opioides del cuerpo. Como tales, estos compuestos provocan la liberación de dopamina y serotonina (sustancias químicas responsables de transmitir los impulsos nerviosos en ciertas células cerebrales para ayudar a controlar los 'estados de ánimo y las emociones, así como para regular el movimiento), al igual que hacen normalmente los fármacos opiáceos.

Sin embargo, el Kratom libera la sustancia a niveles más manejables en comparación con la heroína o las píldoras recetadas. Por lo tanto, los síntomas de abstinencia del opio son menos graves.

. . .

63ª cosa que necesitas saber...

Alivio del dolor agudo y crónico: La razón más importante y popular para usar el Kratom es la eficacia de sus cualidades similares a las del opio para aliviar el dolor.

Los estudios farmacéuticos realmente concluyeron evaluaciones favorables para el uso de las ricas propiedades analgésicas de las hojas de Kratom en el autotratamiento de los dolores crónicos típicamente experimentados en los retiros abruptos del abuso de opioides.

64ª cosa que necesitas saber...

Las hojas de kratom alivian rápidamente el dolor en todo el cuerpo de una persona al influir en las actividades sistémicas de las hormonas. Al masticar las hojas, aumenta la cantidad de compuestos de dopamina y serotonina liberados. Esencialmente, los alcaloides del Kratom actúan de forma parecida a la morfina, embotando los receptores del dolor en todo el cuerpo.

65ª cosa que necesitas saber...

Refuerzo de energía: Los compuestos de la hoja de Kratom prácticamente aumentan la concentración y una estimulación de zumbido que aumenta los niveles de productividad.

Estas sensaciones inherentes a un impulso de energía experimentado a través del uso de Kratom son totalmente diferentes de otras sustancias estimulantes. Los aficionados al Kratom lo denominan singularmente como "Kratom high".

66ª cosa que necesitas saber...

A diferencia de una sobredosis de cafeína o simplemente de consumir demasiada cafeína, el Kratom no tiende a aumentar el ritmo cardíaco. Esta cualidad única surge de los procesos metabólicos del extracto, que calman los nervios al tiempo que aumentan el suministro de oxígeno en el torrente sanguíneo para un impulso energético más estable.

67ª cosa que necesitas saber...

Mejora el estado de ánimo y alivia la ansiedad: Por la misma razón que las propiedades de los compuestos de la planta ayudan a aumentar la energía y a aliviar el dolor, el Kratom también ayuda a las personas que sufren de nerviosismo o ansiedad graves, depresión y cambios de humor. Los compuestos del Kratom tienen como objetivo afectar a los neurotransmisores del cerebro, los nervios que transmiten señales para regular las emociones.

En particular, los extractos de hojas aumentan la liberación de hormonas en todo el cuerpo para controlar los cambios de humor de forma más contenida, si no, eliminándolos.

. . .

68ª cosa que necesitas saber...

Como cada cepa produce efectos diferentes, un usuario nuevo e inexperto puede elegir la cepa equivocada para tratar sus síntomas deseados.

Para su guía rápida en el alivio de la ansiedad, su mejor apuesta incluye la Bali, Indo, y algunas variedades de Kratoms de vena roja. Vuelve a consultar la imagen 3.

69ª cosa que necesitas saber...

Potenciador de la actividad sexual: Tradicionalmente, los practicantes del Kratom han calificado a la planta maravillosa como afrodisíaca. Sus propiedades botánicas eran conocidas por ayudar en la eyaculación precoz, así como por aumentar la fertilidad en los hombres.

Aunque no se han realizado estudios científicos que demuestren sus efectos sexuales, los estudios de laboratorio en animales revelaron un aumento de la producción de espermatozoides. Además, el mercado del uso del Kratom para mejorar la sexualidad ha ido creciendo de forma constante a lo largo de los años. Este crecimiento del mercado aparentemente manifiesta y refuerza su reputación como afrodisíaco eficaz.

6

Prácticas prudentes y preventivas

RECIENTEMENTE, el Kratom también ha ganado popularidad entre las generaciones más jóvenes por sus efectos eufóricos que proporcionan un subidón "legal". Su condición de alternativa a otras drogas de tipo estimulante y sedante es también de igual interés.

Medidas contra el mal uso

70ª cosa que necesitas saber...

Los comerciantes venden productos de Kratom en una amplia variedad de formas. Como resultado, los productos de Kratom pueden variar a menudo en sus respectivas concentraciones de alcaloides. Por lo tanto, siempre hay que estar atento y tener cuidado con ciertas etiquetas engañosas de los productos y con las exageraciones de marketing.

· · ·

Algunos vendedores venden productos falsos adulterando el Kratom con otras sustancias químicas o hierbas o presentando erróneamente otras hierbas como Kratom.

71ª cosa que necesitas saber...

El análisis químico de algunos productos de Kratom ha revelado muchas formas de adulteración con otras sustancias. En la mayoría de los casos, los proveedores eliminan ciertas cantidades del contenido original del Kratom y las sustituyen por hierbas menos costosas u otra sustancia similar para reducir los costes de los minoristas y aumentar los beneficios.

72ª cosa que necesitas saber...

En otros casos, los proveedores añaden drogas sintéticas o de diseño para potenciar aún más los efectos. Estos productos engañosos, etiquetados erróneamente como "extractos puros de Kratom", contienen en realidad la droga sintética O-desmetiltramadol, un opioide sintético mortalmente potente. Uno de los brebajes lleva la etiqueta "Krypton", que consiste en hojas de Kratom mezcladas con la droga.

73ª cosa que necesitas saber...

. . .

De forma preocupante, los productos que contienen esta droga han dado lugar a una larga lista de muertes registradas (la primera se produjo en Suecia).

Sin embargo, el Kratom en su forma original dista mucho de ser peligroso y no se ha registrado ni un solo caso con resultado de muerte tras su consumo.

74ª cosa que necesitas saber...

Otros estudios también han encontrado compuestos mortales similares - concretamente morfina e hidrocodona (una droga semisintética procedente de los derivados del opio) - mezclados en otros productos de Kratom. Dado que estos son componentes principales de los compuestos opioides, sus efectos son de alguna manera similares a los del Kratom.

75ª cosa que necesitas saber...

Aunque el Kratom es una hierba relativamente segura y tremendamente útil, es lamentable que algunos comerciantes sin escrúpulos y proveedores imprudentes actúen de forma tan irresponsable. Si está pensando en adquirir productos de Kratom, asegúrese de comprar a comerciantes o tiendas que realicen pruebas rutinarias antes de vender al por menor los productos procedentes de los proveedores.

Preocupaciones y condiciones críticas

. . .

Los estudios clínicos son importantes para el desarrollo y la promoción de nuevos medicamentos.

Ayudan a determinar sistemáticamente los efectos nocivos y las interacciones con otros medicamentos. Estos estudios también ayudan a reconocer las dosis eficaces que son sostenibles y menos peligrosas.

Los estudios han descubierto que los alcaloides inducen efectos físicos en los seres humanos. El kratom contiene casi tantos alcaloides como las setas alucinógenas y el opio, por lo que tiene la poderosa capacidad de tener un potente efecto en el cuerpo humano.

Aunque algunos de estos efectos son deseables, otros pueden ser motivo de gran preocupación. De ahí que la necesidad de realizar estudios amplios y adicionales sobre el Kratom sea realmente urgente.

76ª cosa que necesitas saber...

Sin embargo, nunca se han realizado estudios en profundidad sobre el Kratom. Por lo tanto, hasta ahora no se han registrado recomendaciones oficiales para su uso médico. En cambio, la verdad es que la limitada información sobre los beneficios y riesgos del Kratom en los seres humanos va en contra de los informes excesivamente sensacionalistas e inexactos de los medios de comunicación populares sobre los entresijos del uso del Kratom.

77ª cosa que necesitas saber...

Debido a la falta de pruebas suficientes y de confirmaciones disponibles sobre su uso seguro, se convierte entonces en una previsión cuidadosa para mantener el Kratom fuera del alcance de los niños. Las mismas medidas de precaución serían aconsejables para las mujeres en situación de embarazo o lactancia. Porque, después de todo, se desconoce si el Kratom podría causar la muerte del feto o defectos de nacimiento.

Seguridad y sostenibilidad

78ª cosa que necesitas saber...

Si consumes Kratom por sí mismo, es decir, sin ninguna combinación de otras drogas, tu único gran riesgo es quedarte dormido sin previo aviso. Los problemas que se perciben surgen cuando se realizan actividades peligrosas mientras se está bajo una influencia leve o fuerte de Kratom. Por lo tanto, debe usar su sentido común y abstenerse de conducir un vehículo, usar herramientas eléctricas, escalar escaleras, o dejar una olla/tostador en una estufa encendida, operar maquinaria pesada, y todas las cosas por el estilo.

. . .

79ª cosa que necesitas saber...

Los problemas de salud son los menos probables en los usuarios ocasionales de Kratom, a menos que, por supuesto, los usuarios consuman grandes cantidades de Kratom diariamente. Como cualquier otro medicamento, las reacciones varían en cada individuo.

Algunas personas pueden tener reacciones inusuales al Kratom o una alergia a pesar de usarlo responsablemente.

Quienes tienen una gran dependencia de ella acaban desarrollando pigmentaciones faciales oscuras y una pérdida de peso poco saludable. Y lo que es peor, sufren síntomas físicos de abstinencia cuando dejan el hábito de forma abrupta. Estos síntomas de abstinencia pueden incluir llanto, diarrea, dolores musculares y sacudidas, irritabilidad y secreción nasal.

Verdades toxicológicas

Al igual que su uso médico seguro, la investigación científica sobre la toxicidad y los efectos adversos del Kratom también es todavía limitada. Sólo podemos contentarnos con consumir algunos de los datos que aparecen en publicaciones e informes médicos de confianza.

. . .

80ª cosa que necesitas saber...

Principalmente, una revisión literaria de 2015 del International Journal of Legal Medicine consideró que el Kratom es mínimamente tóxico. Concluyó que los efectos farmacológicos de las hojas de Kratom dependen de la dosis. Esto significa que cuanto más las tome el usuario, más fuerte será el efecto.

Aunque se han notificado algunos casos de muertes atribuidas al consumo intensivo de Kratom, no se han aportado pruebas sólidas ni relatos en los que el Kratom haya contribuido exclusivamente a las muertes. Sin embargo, un estudio realizado en Tailandia documentó casos de síntomas adversos de abstinencia e intoxicación por Kratom entre sus usuarios.

81ª cosa que necesitas saber...

La mayoría de las quejas por síntomas de abstinencia e intoxicación por Kratom se produjeron bajo la influencia de otras sustancias prescritas o drogas ilícitas como la codeína o el jarabe para la tos. Durante la última década, hubo nueve casos de muerte por intoxicación relacionados con el uso del producto mortal a base de Kratom, Krypton. Sin embargo, los informes atribuyen estas muertes a la adición de un opioide sintético, que es el elemento habitual que se mezcla en el producto.

. . .

Deportes de fuerza

82ª cosa que necesitas saber...

El alcance del Kratom también se extiende a los deportes profesionales. Los efectos analgésicos y estimulantes de la planta sólo implican que el Kratom puede ser beneficioso para mejorar el rendimiento en determinadas disciplinas deportivas.

Técnicamente, es posible detectar los alcaloides del Kratom en los fluidos corporales.
Por primera vez, en 2015, las autoridades deportivas detectaron por casualidad el elemento esencial del Kratom -la mitraginina- en cuatro muestras de control de dopaje procedentes de deportes de fuerza, en particular de la halterofilia y el levantamiento de pesas.

Sin embargo, dado que la mayoría de los lugares legalizan el Kratom como una droga herbaria, no es necesario someterlo a las pruebas normales. Es probable que los protocolos cambien, especialmente cuando el Kratom se convierta en una sustancia regulada en los Estados Unidos.

7

Evaluación de los efectos secundarios

TENIENDO en cuenta todos los efectos positivos que se producen en el uso del Kratom, es importante que también destaquemos sus efectos negativos.

Uno de los efectos secundarios del uso de Kratom es la famosa "resaca de Kratom", que conlleva síntomas similares a los de una resaca alcohólica. A continuación, se presentan las evaluaciones comunes de los cinco principales efectos secundarios del uso de Kratom:

Enfermedades crónicas de los consumidores

83ª cosa que necesitas saber...

Los usuarios de altas dosis generalmente experimentan irritabilidad y ansiedad debido a los efectos estimulantes del

Kratom. Los consumidores a largo plazo suelen incurrir en anorexia y pérdida anormal de peso, hiperpigmentación facial y nerviosismo, temblores o tambaleos.

Además, los efectos secundarios negativos notificados se extienden hasta incluir escalofríos y sudores alternados, estreñimiento, deshidratación, mareos, picores, entumecimiento de la boca y la garganta, náuseas, sedación, dolores de estómago, cansancio, inestabilidad, alteraciones visuales y vómitos. En el caso de los consumidores habituales, algunos son vulnerables a desarrollar tolerancia y, muy a menudo, aumentan inevitablemente sus dosis habituales con el tiempo. Otros simplemente sucumben a la adicción.

Aspectos adictivos

En los últimos años, el uso del Kratom se expandió desde Asia hacia los Estados Unidos y Europa. Desde entonces, han aumentado constantemente los informes de usuarios que se vuelven adictos o físicamente dependientes del Kratom.

La 84ª cosa que necesitas saber...

El principal responsable de esta posible adicción son los efectos analgésicos similares a los opioides del Kratom. A pesar de que los efectos eufóricos suelen ser menos intensos que los producidos por las drogas opioides y el opio, cada vez son más los consumidores de drogas que buscan consumir Kratom.

Daños digestivos y pasivos hepáticos

85ª cosa que necesitas saber...

El Journal of Medical Toxicology publicó un estudio en el que se afirmaba que el uso del Kratom puede provocar efectos secundarios adversos en el tracto gastrointestinal (es decir, malestar estomacal y vómitos). Basó su informe en un individuo que tomó Kratom durante sólo 15 días sin la presencia de ningún otro agente causal.

También se han reportado problemas relacionados con lesiones hepáticas vinculadas a la ingestión de Kratom. Un informe describió el caso de un joven alemán que sufrió una alteración del flujo de la bilis en el hígado después de tomar altas dosis de polvo de Kratom durante sólo un par de semanas.

Problemas psicológicos

86ª cosa que necesitas saber...

. . .

Los síntomas de las secuelas físicas del uso del Kratom pueden llegar a sus estados más destacados, pero acaban desapareciendo en una semana. Sus efectos secundarios psicológicos pueden ser igual de típicos, pero a veces, pueden ser más perjudiciales.

Estos efectos perjudiciales pueden incluir adicción, comportamientos agresivos, ansiedad, llanto, disminución de la libido, delirios, pánico episódico, alucinaciones, intensos cambios de humor, letargo, paranoia, episodios psicóticos y supresión del apetito.

Retirada de la circulación

87ª cosa que necesitas saber...

Algunos de los consumidores de Kratom a largo plazo pueden tener dificultades para abandonar su uso regular. Perciben que es difícil sobrellevar la anorexia, los dolores óseos y musculares, el insomnio, los movimientos espasmódicos de las extremidades, la psicosis y la inquietud, que son los síntomas comunes de abstinencia que se producen al dejar de consumir Kratom. Sin embargo, aunque los síntomas de la abstinencia del Kratom pueden ser molestos y distraídos, no presentan dolores debilitantes como los síntomas de la abstinencia de los opiáceos.

88ª cosa que necesitas saber...

Los síntomas de abstinencia del kratom suelen desaparecer después de 1 a 3 días. Sus descripciones comunes connotan en su mayoría que son de corta duración y benignos.

89ª cosa que necesitas saber...

La ventaja para los usuarios en medio de su dependencia del Kratom es que siguen manteniéndose sanos, en forma y en forma. Además de tener una buena salud, pueden seguir ejerciendo funciones normales, especialmente en sus interrelaciones sociales con los demás.

De hecho, un estudio realizado en Malasia demostró que no existía ningún impedimento significativo en su desempeño de las funciones y responsabilidades sociales.

8

Legalidades y responsabilidades

90ª COSA QUE NECESITAS SABER...

El Kratom es legal en la mayoría de los países como los EE.UU. Aunque la Administración de Alimentos y Medicamentos de los EE.UU. (FDA) ha emitido desde hace tiempo una alerta de importación en la que se advierte de los efectos negativos del uso regular de Kratom en los seres humanos, esta maravilla botánica todavía goza de un estatus no regulado en la mayoría de los estados de los EE.UU.

91ª cosa que necesitas saber...

El kratom sólo está prohibido en seis estados de EE.UU.: Wisconsin, Vermont, Tennessee, Indiana, Arkansas y Alabama.

. . .

Esta prohibición se derivó en gran medida de una citación de los funcionarios de la Administración para el Control de Drogas de los Estados Unidos (DEA) que consideraron e incluyeron el Kratom en la lista de "Drogas y Productos Químicos Preocupantes."

92ª cosa que necesitas saber...

Por el contrario, el Kratom es ilegal en toda Australia, Bután, Dinamarca, Malasia, Myanmar y Tailandia. En Europa, varios estados miembros de la UE, como Suecia, Rumanía, Polonia, Lituania y Finlandia, han regulado las leyes sobre el uso del Kratom. Algunos de estos estados y países incluso imponen penas severas por la posesión o plantación de Kratom.

93ª cosa que necesitas saber...

La prohibición y el control actuales del Kratom en Malasia se rigen por la Ley de Venenos de 1953. Los culpables de distribuir hojas o preparados de Kratom de forma ilegal pueden ser multados o condenados a penas de cárcel de hasta 4 años. Sin embargo, el cultivo de Kratom no es un delito en Malasia.

94ª cosa que necesitas saber...

. . .

En Tailandia, las autoridades reclasificaron la Ley 2486 de 1943 sobre el Kratom para incluirla en la Ley de Estupefacientes en 1979.

Esta reclasificación estipuló el acto ilegal de posesión, plantación, importación y exportación de hojas de Kratom. Sin embargo, muchos funcionarios tailandeses consideran la revocación de la prohibición de 75 años sobre el Kratom con respecto a sus valiosos e incomparables resultados en el destete de los adictos al opio.

95ª cosa que necesitas saber...

En Irlanda, el gobierno acaba de ilegalizar el Kratom. En la actualidad, las autoridades lo clasifican como una droga de la Lista 1, lo que confiere al Kratom el mismo estatus de ilegalidad que la heroína.

Al igual que la citación de la DEA de EE.UU., la mayoría de los políticos irlandeses que aprobaron esta nueva ley probablemente nunca han oído hablar del Kratom o de sus potentes alcaloides.

Las leyes pueden cambiar; y, cambian todo el tiempo; así que, por favor, asegúrate de que el Kratom es legal en la zona donde vives antes de usarlo.

96ª cosa que necesitas saber...

. . .

Al igual que la citación de la DEA y los acontecimientos que condujeron a la prohibición del Kratom en Irlanda, la situación del Kratom sigue siendo incierta.

Posición social

97ª cosa que necesitas saber...

Lo más importante que hay que tener en cuenta antes de consumir Kratom es si se tiene la suficiente formación sobre el tema para tomar una decisión responsable y bien informada.

98ª cosa que necesitas saber...

En el sudeste asiático, la mayoría de los consumidores se enfrentan a la reprimenda de sus familiares y amigos por "dedicarse al hábito del consumo de Kratom". Sin embargo, nunca han existido ciertos actos de discriminación o estereotipos que los consideren consumidores de drogas.

99ª cosa que necesitas saber...

En las regiones del norte de Malasia, los usuarios confían y recurren fácilmente al uso del Kratom para sus fines beneficiosos debido a su asequibilidad y accesibilidad. En los casos en los que los usuarios luchan contra los síntomas de abstinencia de los opiáceos, normalmente se impiden a sí mismos acercarse e inscribirse en las instalaciones de bienestar del gobierno que pueden exponer sus identidades. En su lugar, la mayoría de ellos se auto-tratan, lo que les ayuda a evitar el estigma, la desgracia o la desaprobación pública de su dependencia de las drogas.

Por lo tanto, el temor a las detenciones por parte de las autoridades policiales y la censura de la comunidad han empujado el consumo de Kratom a entornos clandestinos. Varios informes en Tailandia han puesto de manifiesto una tendencia más reciente y encubierta de un brebaje de drogas que se utiliza entre su generación joven -en su mayoría, adolescentes hasta personas de 30 años-.

Este último brebaje de drogas consiste en hervir hojas de Kratom para que sirvan como base principal de un cóctel denominado "4 x 10". Se trata básicamente de una composición de té de Kratom, cubitos de hielo, Coca-Cola y jarabe para la tos.

Kratom's Kismet: El destino futuro

Las prácticas de uso del Kratom en ambos lados del mundo se han alejado gradualmente de sus aplicaciones tradicionales occidentales y orientales -tratando una serie de enfermedades físicas y mejorando la resistencia física- hacia nuevos usos con muchas promesas potenciales.

100ª cosa que necesitas saber...

. . .

Un potencial importante que tiene la planta de Kratom es su desarrollo como opción de tratamiento viable para la dependencia de los opiáceos.

Recientes descubrimientos insinúan su fuerte opción de viabilidad por los enormes volúmenes de compras de Kratom de fuentes en línea por al menos 40 millones de estadounidenses que luchan contra la abstinencia de opiáceos y sufren de dolor crónico. Desde 2013, las cifras siguen creciendo de forma constante y no parece haber señales de que vaya a haber una caída en un futuro próximo.

101ª cosa que necesitas saber...

La gente "entendida" ve el Kratom como una terapia alternativa económica a los tratamientos de prescripción más caros, pero menos eficaces, para el autocontrol de la abstinencia de opiáceos, así como para aliviar el dolor. Estas afirmaciones sólo merecen una investigación científica seria y más profunda, especialmente en beneficio de los países en desarrollo... y sobre todo, de la multitud que acecha en la ignorancia.

9

La experiencia del Kratom según informes de primera mano

Este capítulo resume la experiencia del uso del kratom basándose en los autoinformes de los usuarios de hojas secas, polvos de kratom producidos comercialmente y extractos. Incluimos una discusión sobre los informes de primera mano como fuente de datos, el proceso de revisión que Erowid utiliza para recoger estos informes, una visión general de la dosis, la duración y los efectos de la experiencia, un ejemplo de informe de experiencia y una serie de extractos de informes de experiencia que documentan tipos de efectos específicos.

Informes de casos propios revisados por expertos

Los informes de experiencias en primera persona ofrecen una forma directa de documentar el uso* y los efectos de las plantas y drogas psicoactivas en los seres humanos.

. . .

Los usuarios describen con sus propias palabras las sustancias que toman, cómo las toman, las experiencias que tienen y el impacto que una sustancia como *la Mitragyna speciosa* (kratom) tiene en sus vidas. Los informes individuales pueden compararse con los informes de casos médicos en la literatura revisada por pares o con el programa de notificación de eventos adversos MedWatch de la FDA para el público en general.

Los autoinformes, a veces tachados de anecdóticos, ponen de manifiesto la naturaleza fundamentalmente subjetiva de la influencia de los pensamientos y sentimientos de una persona al tomar una sustancia psicoactiva. Al igual que ocurre con los informes de casos médicos, no se debe suponer que un único informe de experiencia sea representativo de la población en general; es un dato individual sobre lo que le ocurrió a una persona que consumió un psicoactivo concreto en un día concreto y con una dosis concreta. De forma aislada, cualquier informe no es más que la opinión de una persona, pero esas opiniones pueden debatirse de forma objetiva y extraer datos útiles, incluso cuantificables. Los informes de primera mano sobre el consumo de sustancias psicoactivas no son nuevos, pero el número y los detalles disponibles a través de las comunicaciones por Internet han cambiado la forma en que se pueden abordar como datos.

En cierto modo, los informes de experiencias en primera persona son más débiles que los informes de casos médicos, que generalmente son redactados por un médico de cabecera.

. . .

La mayoría de los informes en primera persona son anónimos, por razones legales y de privacidad, por lo que a menudo no es posible ponerse en contacto con el autor para hacer preguntas de seguimiento.

También es raro que los informes de experiencias incluyan información toxicológica que valide la identidad o la cantidad de la(s) sustancia(s) consumida(s).

Sin embargo, en otros aspectos, los informes de experiencia son más valiosos que los informes de casos médicos, que suelen limitarse a los sucesos que dieron lugar a una emergencia médica. Los autoinformes no se limitan a las personas que toman decisiones peligrosas que requieren una intervención clínica y, por tanto, representan un espectro más amplio de la población. Los autoinformes permiten conocer los pensamientos de un gran número de usuarios, la forma en que toman decisiones y los tipos de experiencias que tienen.

A pesar de los problemas inherentes de subjetividad, parcialidad y errores de memoria, los informes de primera mano son fuentes *primarias* de información que están cada vez más disponibles para los profesionales médicos, los educadores y el público. Hay muchas fuentes de informes de primera mano; sitios de recursos como Erowid, foros web como Bluelight y Drugs- Forum, y una variedad de publicaciones digitales e impresas ofrecen una oportunidad sin precedentes para que la gente conozca los efectos de las drogas psicoactivas de quienes las usan.

Bóvedas de experiencia de Erowid

El Centro Erowid es una organización educativa sin ánimo de lucro cuya misión es proporcionar y facilitar el acceso a información objetiva, precisa y sin prejuicios sobre las plantas psicoactivas, los productos químicos, las tecnologías y los temas relacionados. Uno de los proyectos a largo plazo de la organización es recopilar, revisar, clasificar y publicar informes en primera persona sobre el uso de sustancias psicoactivas. Durante los últimos 18 años, hemos recopilado en Erowid.org una colección de más de 100.000 descripciones de primera mano sobre el uso recreativo, médico y espiritual de las drogas psicoactivas, incluyendo más de 700 relacionadas con el kratom.

Con cientos de informes sobre el kratom, podemos documentar y destilar las razones por las que la gente utiliza el kratom, las vías y métodos de autoadministración, la gama de dosis utilizadas, cómo se relaciona la dosis con los efectos subjetivos, la gama de efectos y qué dosis o combinaciones de sustancias tienen más probabilidades de provocar problemas de salud.

Proceso de revisión

. . .

Las denuncias en la colección de Erowid no son "mensajes" en un foro. Cada informe se somete a un proceso de revisión de varios pasos. Cuando se envía un informe, entra en un sistema de clasificación en el que se lee, se califica de A (excepcional) a F (no publicable) y es comentado por al menos dos voluntarios capacitados.

A continuación, es examinado y editado por un revisor experimentado -alguien bien informado sobre una amplia variedad de sustancias psicoactivas- que clasifica y da una calificación final al informe antes de publicarlo. El objetivo de este proceso es evaluar el interés, la calidad, la precisión y la credibilidad general de cada informe antes de su publicación. Esto también permite a Erowid asegurar que no se compromete la privacidad de nadie. Damos prioridad a la publicación de informes de alta calidad, y a los que incluyen datos valiosos como interacciones peligrosas, beneficios para la salud y descripciones de nuevos medicamentos.

Informes de Kratom

De los 714 informes de experiencias sobre *Mitragyna speciosa* y productos de kratom que se han enviado a Erowid a partir de enero de 2014, se han publicado 218. Entre los informes enviados, cuando se especifica el género del autor, el 91% fueron escritos por hombres y el 9% por mujeres. Los primeros informes de nuestra colección describen experiencias del año 2000, que marca el comienzo de la disponibilidad comercial de kratom por correo en Norteamérica, Australia y Europa.

. . .

En el año 2000, los productos de kratom eran generalmente hojas secas, enteras o trituradas. Según los informes de la experiencia y el seguimiento de los vendedores de Erowid, los extractos de hoja y la hoja mejorada con extractos se empezaron a comercializar en 2002 y se encontraban ampliamente disponibles en 2004.

El interés por la información sobre el kratom creció lenta pero constantemente durante la década siguiente. En 2004, la página del índice de kratom era el 50º índice de sustancias más visitado en Erowid.org. A principios de 2014, había ascendido al octavo puesto.

Resumen del uso del kratom

Generalmente, en Norteamérica, las hojas secas de *M. speciosa se toman en forma* de té amargo o en cápsulas. Los consumidores de kratom suelen describir unos efectos paradójicamente estimulantes y sedantes que suelen compararse con los efectos de opioides como la codeína o la oxicodona. Se utiliza con fines recreativos, como analgésico, como autotratamiento de los síntomas de abstinencia de los opiáceos y, con menor frecuencia, como método para interrumpir otra adicción (por ejemplo, para dejar de fumar). Los informes del sudeste asiático incluyen un número significativamente mayor de descripciones de hojas enteras masticadas (por vía bucal) utilizadas como droga para el trabajo diurno, tomadas con el propósito de aliviar el aburrimiento y la incomodidad del trabajo manual. El kratom se considera adictivo; los informes sobre la dependencia física y psicológica, la tolerancia y los síntomas físicos de abstinencia son frecuentes, aunque no universales, en los informes sobre la experiencia.

Dosificación

La cantidad de hoja de kratom o de polvo de hoja utilizada por dosis varía de un gramo a cincuenta gramos.

Dado que el kratom es un producto vegetal natural y los productos comerciales no están regulados, las potencias pueden variar drásticamente de una cápsula, paquete de Mylar o bolsita de polvo de hoja a otra. Muchos productos comerciales de kratom en 2014 incluyen extracto de hoja de kratom redepositado sobre la hoja triturada o en polvo, lo que los hace más potentes que las hojas de kratom sin tratar. También se venden tinturas, resinas y extractos puros (no depositados sobre la hoja). La dosis de estos productos puede variar en función de la concentración de alcaloides de *M. speciosa* presentes en el material de origen.

Los productos de kratom al por menor disponibles para el público en general van desde la hoja triturada de baja potencia "de grado comercial", hasta la hoja "premium", "super premium", "mejorada" y "super mejorada". Los extractos suelen estar etiquetados como "5x", "15x" o similares, indicando supuestamente las potencias relativas. Estos, además de otros términos como "Maeng Da" (también conocido como "Pimp Grade"), la procedencia de la planta, como "Indonesia", y otros detalles proporcionados por el vendedor, se utilizan para comparar la calidad y la potencia de los productos al estilo de una cata de vinos. Aunque algunos vendedores etnobotánicos distinguen de forma fiable los preparados de kratom más débiles de los más potentes utilizando estos términos, otros vendedores los incorporan a la jerga de marketing sin ninguna conexión con la potencia del producto.

La mayor parte del kratom que se utiliza en Norteamérica se ingiere por vía oral, con unos pocos informes de administración bucal, fumada o (más raramente) rectal.

Muchos consumidores de kratom toman dosis repetidas en una sola sesión/día, a menudo redistribuyendo entre una y tres horas después de la dosis anterior. Un día o una sesión de uso de kratom puede implicar hasta ocho administraciones, aunque el uso típico implica entre una y tres dosis en un día.

Duración

Los tés y extractos de kratom, cuando se toman por vía oral con el estómago vacío, normalmente empiezan a hacer efecto en 15 minutos. En el otro extremo del espectro, los efectos de las cápsulas ingeridas con el estómago lleno pueden retrasarse de 1 a 3 horas. Las dosis más altas dan lugar a duraciones más largas. La fase primaria de estimulación dura 1-2 horas, y los efectos más sedantes duran otras

1-3 horas, con una duración total de 2-5 horas para una sola dosis oral.

Los usuarios informan de efectos persistentes que duran varias horas antes de que se sientan "decaídos" por la experiencia.

Algunos consumidores de kratom informan de que se quedan colgados, como si fuera alcohol, después de dosis moderadas o fuertes. Tomar kratom a diario puede provocar dependencia física. En estos casos, los síntomas descritos como similares a los de la abstinencia de opiáceos suelen comenzar entre 18 y 24 horas después de la última dosis y continúan durante 1 a 14 días.

Efectos

Los efectos más comunes del kratom van desde la estimulación eufórica hasta la ensoñación somnolienta, y desde la intoxicación parecida a la cafeína o el alcohol hasta las náuseas y el vértigo. El carácter de la experiencia cambia a medida que se incrementa la dosis, comenzando con una ligera estimulación relajante en dosis bajas y convirtiéndose en una fuerte sedación de cabeceo en dosis altas. La euforia y la intoxicación moderada son características del rango de dosis medias.

Efectos positivos/deseados

- Estimulación y relajación simultáneas

- Euforia
- Mayor sociabilidad, locuacidad y empatía
- Analgesia
- Sueños vívidos de "cabeceo"
- Reducción de la incomodidad y el aburrimiento durante el trabajo manual
- Un "resplandor" duradero al día siguiente (a dosis bajas)
- Reducción o cese de los síntomas de abstinencia de opiáceos
- Cualidades pro-sexuales y afrodisíacas
- Sedación somnolienta (a dosis más altas)

Efectos neutros

- Pinchamiento/miosis de la pupila (reducción del tamaño de la pupila)
- Cambio en la capacidad de enfocar los ojos

Efectos negativos/no deseados

- Sabor muy amargo, difícil de consumir como té
- Picor/prurito
- Mareos, náuseas y vómitos a dosis más altas o cuando se utiliza en combinación con alcohol, benzodiacepinas u opiáceos
- Depresión leve durante y/o después
- Percepción de aumento de la temperatura corporal (sensación de calor y sudoración)
- Resaca similar a la del alcohol
- Reducción del deseo o del rendimiento sexual

- Deseo de repetir la experiencia con más frecuencia de la prevista
- La tolerancia se crea rápidamente después de días consecutivos de uso
- Adicción, dificultad para controlar el consumo y síntomas de abstinencia
- Problemas hepáticos, hepatitis y síntomas de hepatotoxicidad (desconocidos ya sea causada por *M. speciosa* o por la contaminación del producto)

Una experiencia básica de kratom

El siguiente es un informe de primera mano escrito en 2012 y enviado a las Bóvedas de Experiencia de Erowid. Se eligió como representativo de un típico usuario norteamericano con estudios universitarios y sin hábito a los opiáceos o al kratom.

Estoy descansando en la piscina de una mansión en Alaska, que solía pertenecer a un promotor de centros comerciales corrupto y afiliado a los gángsters. Ahora es un albergue juvenil que atiende a mochileros en verano.

Soy un hombre de 28 años con una importante experiencia en drogas que trabaja unas 60 horas a la semana. Esta mañana, me he dado un pequeño baño y me he comido un pequeño bol de Raisin Bran. Estoy esperando unas dos horas después de este mini desayuno antes de ingerir el Bali Kratom, para asegurarme de que voy con el estómago vacío. Mi estado mental actual es claro, contento y optimista. Es el día de Navidad.

Mi experiencia con el kratom hasta ahora ha sido en el rango de 4-6 gramos, produciendo la esperada estimulación flotante pero enfocada. La fuente que utilizo es excelente y pone mucho énfasis en la satisfacción del cliente.

T+0:00 (6:48 hora de Alaska): Me sirvo una taza de té con agua tibia y me trago las primeras diez cápsulas. Estas cápsulas contienen algo más de medio gramo cada una. Mi dosis total será de algo menos de once gramos. T+0:15: Me dirijo a la cocina para tomar otro vaso de agua y me vuelvo a sentar junto a la piscina para seguir tomando lentamente las pastillas. Esta zona del albergue es tranquila. Hay grupos de personas en el salón viendo películas en la televisión de pantalla grande y pasando el rato en la cocina. Me encanta esta pequeña zona junto a la piscina porque es tranquila.

Hay algunos extranjeros en el albergue y oigo de vez en cuando conversaciones en árabe, coreano y chino mandarín procedentes de otras habitaciones.

T+0:20: Entro en YouTube y escucho la versión de estudio de "4th of July, Asbury Park (Sandy)" de Bruce Springsteen. "Sandy" es mi canción favorita, y me recuerda lo importante que es aferrarse a las propias creencias. Cuando la escuché por primera vez a los doce años, me di cuenta de que básicamente explicaba todo lo que siempre he querido de la vida: amor, libertad y trascendencia.

. . .

T+0:30: Las primeras alertas abundan. Llega el enrojecimiento de la piel, el calor corporal y un ligero entumecimiento. Decido echarme un poco de agua fresca de la piscina en la cara.

T+0:45: Estoy bailando al ritmo de los dos primeros álbumes de Springsteen. Eructo y pruebo el Kratom. He leído informes de gente que dice que el té de Kratom es vil. No lo sé. Los eructos de Kratom no saben tan bien como una buena marihuana de Alaska, pero tampoco saben tan mal como un granizado de San Pedro, o el sabor a alfombra quemada en la lengua del 2C-I puro, o ese pequeño trozo de pretzel que recoges de la alfombra y fumas cuando estás bajando del crack a las 6 de la mañana. Son experiencias que todos hemos tenido, ¿verdad? :-)

T+1:00: Un tipo de Oriente Medio y otro africano se sientan en una mesa al otro lado de la piscina y su conversación en árabe rebota en las paredes de esta sala cavernosa. El lenguaje suena un poco duro, pero se ríen y es obvio que tienen una buena charla. El rubor opiáceo continúa, ahora acompañado de un encantador cosquilleo en el cuero cabelludo.

T+1:30: Salgo a fumar medio cigarrillo y charlo un poco con mi amigo. Reflexionamos sobre el año y nuestras luchas. Una vez de vuelta dentro, hago una buena meada saludable y compruebo mi mirada en el espejo. Tengo los ojos clavados. Al volver a sentarme en mi chill-spot, siento esa familiar sensación de estimulación mezclada con un relajante zumbido corporal.

El calor y el picor van en aumento y no siento ningún dolor.

Esto es, sin duda, parecido a una dosis moderada de opiáceos recetados. Mi cabeza se vuelve ligeramente borrosa y mis pensamientos se presentan en frases más cortas y apretadas.

T+2:00: En este punto, debo haber alcanzado el pico. Dudo que vaya a ser más fuerte que esto. Pero no lo necesito. Me siento muy bien. Mis habilidades motrices están un poco apagadas, pero no mal. Me preparo una taza de té verde y sigo relajándome. Pienso en el "motivo de la temporada". Trabajo como comercializadora, contratada por varias grandes superficies, y siempre temo la época navideña por las aglomeraciones y la ansiedad general que reina en las tiendas mientras intento concentrarme y trabajar. Pero mientras estoy aquí tumbada, escuchando las entonaciones árabes de mis compañeros de albergue, me recuerdo que la ira es simplemente un desperdicio de energía, no importa hacia quién o hacia qué se dirija.

Siento que me viene ese pequeño golpe de cabeza, y es como si mi cuerpo quisiera asentir, pero sabe que no llegará a hacerlo.

. . .

Camino por la zona de la piscina, estirando y ejercitando un poco los brazos. Me meto en la parte poco profunda durante unos minutos. Esto es bueno.

T+5:00: Los efectos se estabilizan y luego disminuyen suavemente. Paso el resto de la mañana leyendo, escuchando música, reflexionando y sintiéndome bien.

Extractos de la caracterización de los efectos

A Una limitación de este perfil de usuarios es que se basa en las muertes cubiertas por este estudio, muchas de las cuales tienen información demográfica limitada. Sin embargo, el periodo es lo suficientemente largo como para ver el impacto de las nuevas sustancias psicoactivas emergentes, especialmente los opioides continuación, se enumeran cada uno de los efectos clave del kratom con un breve resumen y extractos de informes de experiencias que documentan y detallan el efecto.

Estimulación y sedación

Los usuarios afirman que los efectos estimulantes se producen antes y a dosis más bajas. Los efectos sedantes aparecen un poco más tarde y con dosis más altas. Tal vez la cualidad de la experiencia del kratom que más se comenta en los informes de los usuarios es la sensación aparentemente paradójica de estar estimulado y sedado al mismo tiempo.

Durante una hora sólo pensé "puro estimulante". Luego una fase de apedreamiento leve. Tumbado con los ojos cerrados con un buen despliegue sensual. Después hablador.

Mi experiencia típica con el kratom comienza entre 15 y 20 minutos después de consumir el material vegetal. Comienza con un poco de excitación, y empiezo a sentirme como si estuviera tomando una gran dosis de cafeína, sólo que menos nerviosa. La euforia estimulante aumenta a partir de ahí, y alrededor de la marca de 45 minutos, estoy completamente absorbido en una ola tras otra de euforia. Las propiedades estimulantes tienden a desaparecer y empiezo a sentirme... no del todo somnoliento, ni adormecido -sedado o tranquilo es probablemente la mejor palabra. Si tomo más de 9 gramos, tiendo a dormir y a permanecer sólo tenuemente conectado a la realidad consensuada, a menos que decida salir de este estado (por ejemplo, para hablar con alguien).

Vivo en Tailandia, donde esta cosa crece de forma natural, y la consumo de vez en cuando, sobre todo cuando mis amigos tailandeses me la ofrecen. He leído sobre otras experiencias con esta hoja en Internet y las dosis que la gente toma están muy por encima de lo que cualquiera toma aquí. A mí me va bastante bien con sólo una mitad o una hoja. Se parten por la vena central con bastante facilidad, así que es fácil tomarla en dosis de media hoja.

Para mí, el krathom [una grafía alternativa del kratom] tiene un efecto principalmente estimulante.

Suelo comer media hoja o más cuando me embarco en un viaje largo, para mantenerme alerta y hacer el viaje mucho más interesante. Básicamente se siente como una leve dosis de éxtasis, con menos nerviosismo, de hecho, no hay nerviosismo, sólo una leve euforia y alerta. El efecto desaparece en unas dos horas y prácticamente no se produce ningún bajón (diría que un poco menos que con la cafeína).

Me siento nerviosa y perezosa al mismo tiempo. Hay un poco de sedación que hace que sentarse en una silla cómoda sea muy agradable. Pensar y visualizar es muy fácil, la música ambiental se adapta perfectamente a mi estado.

Euforia

Algunos usuarios de kratom informan de mejoras en el estado de ánimo que van desde una leve hasta una euforia desbordante.

Empecé a sentir un ligero cosquilleo y la calma se extendió por mí, al mismo tiempo que oleadas cada vez más fuertes de intensa euforia me golpeaban una y otra vez. Noté un fuerte picor, que extrañamente no era desagradable. Aunque tengo cero tolerancia, y cero experiencia con los opiáceos/oides es todo lo que me imagino que son.

Después de una hora más o menos, me sentí como en un agradable trance somnoliento, con los ojos medio abiertos, simplemente adormecido por la felicidad, con sueños de vigilia increíblemente agradables y relajados. (Mirando hacia atrás, después de alguna experiencia con opioides, esta fue mi primera cabezada).

Fue un subidón deliciosamente eufórico; me sentía muy feliz de estar vivo. Temblaba un poco, como si estuviera bajo los efectos del MDMA o de otra sustancia anfetamínica, pero mi cuerpo sentía una energía eléctrica similar a la del éxtasis y una calidez y comodidad similares a las de los opiáceos, y mi mente estaba lúcida pero definitivamente muy iluminada.

A los cinco minutos, me invade una leve euforia (que no esperaba). Compruebo si hay signos de efecto placebo, pero mi cara sigue sonriendo sin que yo lo sepa. Un poco de zumbido del "tercer ojo". Todavía ⅓ de la taza para beber, pero es más fácil de manejar la amargura una vez que te gusta el efecto.

Alrededor de los 20 minutos empecé a sentirme eufórico y parlanchín, aunque notaba una ligera falta de fluidez en mi voz y una pereza en mi deseo de formar palabras con claridad.

Analgesia

Muchas descripciones del uso del kratom mencionan los efectos analgésicos y "calmantes", a menudo comparando el kratom con los opioides farmacéuticos. Algunos usuarios dicen que prefieren el alivio del dolor que ofrece el kratom al de los productos farmacéuticos opiáceos.

Lo primero que noté fue una sensación de gran euforia y energía. No es una sensación de desorden, pero algo estaba empezando a suceder. Después de una hora noté que me sentía como si hubiera tomado un analgésico o dos, y en este momento estaba muy contento.

Fumar una pequeña hoja de una planta de kratom. Disminución de las sensaciones corporales/efecto analgésico como el Vicodin.

Una antigua lesión de levantamiento de pesas me provoca migrañas ocasionales y fuertes dolores de cabeza al menos un par de veces a la semana. Así que una sustancia con propiedades analgésicas despertó mi interés.

T+0:00: 10 gramos en ayunas. [...]

T+0:30: Comienza a tener la sensación familiar de una droga opioide, los miembros se vuelven pesados y la sensación de euforia comienza a aparecer. Un calor placentero se apodera del cuerpo y aumenta hasta aproximadamente una hora después. [...]

T+1:00: Parece que he alcanzado el cenit del subidón y realmente no siento ningún dolor o al menos lo noto. Es fácil hablar. Las palabras fluyen y hasta lo más estresante es manejable. [...] Mis pensamientos sobre la planta: El Kratom hasta ahora me ha sido muy útil. En cierto sentido, muchos opiáceos son más bien un control del dolor en lugar de analgésicos como la gente quiere hacer creer. Se deshacen de parte del dolor, mientras te ayudan a lidiar con el resto. Como persona que sufre de migraña, esto proporciona una buena alternativa al uso de los medicamentos mencionados anteriormente, ya que tienen muchos más efectos secundarios y pueden tener problemas de salud más graves a largo plazo.

La resistencia adicional que parece proporcionar el kratom me permite forzar mis entrenamientos más que con una pila de vitaminas/cafeína sola. Es muy posible que la leve euforia me ayude a esforzarme. El efecto analgésico también puede contribuir a esto, lo que me permite trabajar a través de algunos de mis dolores articulares. [...] Si tuviera que hacer una comparación dosis a dosis diría que 1 cucharada de kratom = 10 mg de hidrocodona, para el alivio del dolor. Es muy parecido en términos de sedación también.

Actualmente sufro de hemorroides. Es la segunda vez que tengo este síntoma, la primera vez fue hace 16 años, en una época en la que era un fumador empedernido de tabaco y un bebedor relativamente intenso. Esta primavera, por motivos profesionales, tuve que hacer muchos viajes largos en tren y en coche, con algo de consumo social moderado de alcohol y tabaco.

De repente, la misma vena del recto que se había hinchado hace 16 años empezó a hincharse de nuevo. [...] Por lo general, no pienso en el kratom como una hierba medicinal, sino más bien como un psicoactivo recreativo/de trabajo suave, con efectos potencialmente desagradables cuando se excede y un potencial adictivo pequeño pero real. Tuve los buenos efectos habituales del kratom: empatía, potenciación de la marihuana, estimulación moderada mezclada con relajación, calor agradable, etc. Lo mejor de todo: a los 30 minutos de los efectos, noté que ya no sentía molestias en la zona anal. Pensé que podría ser un efecto analgésico. Se supone que el kratom tiene algunos y un amigo mío maneja con éxito el dolor de espalda con esta planta, pero yo nunca los había notado hasta entonces. Algo genial fue que este efecto duró después de que me bajara: También sentí menos dolor al día siguiente.

Recientemente me diagnosticaron una forma de tendinitis que me producía un dolor considerable en la muñeca derecha a la altura del pulgar ("tenosinovitis de De Quervain") y mis opciones eran la cirugía para corregir el problema (seguida de fisioterapia durante varios meses junto con opiáceos para el dolor durante un tiempo hasta que se curara la cirugía) O bien ponerle un bebé a la muñeca y dejar que el cuerpo se cure por sí mismo, lo que lleva aproximadamente 12 meses cuando está tan avanzado como estaba el mío.

Me recetaron Ultram ER (100 mg) y cuando eso no hizo nada por el dolor me recetaron Ultram 50 mg. Esto también apenas disminuyó el dolor que experimentaba.

Dos tabletas de aspirina un par de veces al día ayudaron un poco al dolor, pero sólo lo suficiente para hacerlo soportable, así que dejé de tomar Ultram. [...]

Tomo 3 gramos de kratom de reserva privada (unas tres cucharaditas ligeramente redondeadas de las hojas trituradas). Bebo esta mezcla junto con dos pastillas de aspirina y en 20 minutos empiezo a sentirme relajado y ligeramente eufórico, en 45 minutos a una hora todo mi dolor desaparece.

Desaparece. Como si hubiera tomado Oxycontin, pero sin la sensación de euforia. [...] Estoy encantado de haber encontrado una hierba legal que puede aliviarme el dolor con la misma eficacia que los opiáceos. Tengo cuidado de no tomarla con fines recreativos, aunque sería muy fácil hacerlo porque la euforia es muy agradable, ya que prefiero poder tratar el dolor según sea necesario sin tener que tomar grandes dosis. [...]

El kratom es una experiencia muy positiva para mí, para el alivio del dolor sólo necesito 3 gramos y dos aspirinas. Espero que otras personas que puedan estar frustradas en su comunidad tratando de lidiar con el dolor crónico sin poder obtener alivio, prueben el kratom y lo encuentren igual de efectivo.

Sueños vívidos de "asentimiento"

En dosis más altas, los usuarios informan de una experiencia de "cabeceo" similar a la de los opiáceos que a menudo incluye imágenes oníricas.

Algunos usuarios afirman que el sueño nocturno después de tomar kratom ha aumentado la vivacidad y la actividad de los sueños.

T+1:10: Beber lo último de la primera extracción.

T+1:15: Sirve 1 de las 3 tazas nuevas en la segunda extracción. Tomo un pequeño sorbo y luego, de forma bastante repentina, me sobrepongo y caigo en una etapa de sueño crepuscular, en el sofá. Me doy cuenta de que es un hermoso día y los sonidos parecen viajar más lejos. Muy agradable, empiezo a caer en un sueño ligero. Profundamente relajante para los músculos y la mente. Sueños cambiantes y llenos de gente, objetos y lugares-no parece haber ninguna razón en particular, sólo sueños que fluyen.

Me acosté en la cama, cerré los ojos y algo maravilloso comenzó a ocurrir. Mientras estaba tumbado, empecé a experimentar fragmentos de dos o tres segundos de lo que sólo puedo describir como sueños. Era como si mi conciencia se viera sumergida en medio de un sueño y un momento después fuera extraída igual de repentinamente. Volvía a la realidad para, unos instantes después, caer en medio de otro sueño completamente diferente.

Tengo muy poco recuerdo del contenido real de cualquiera de estos sueños; debo haber experimentado más de 100 de ellos, cada uno totalmente aleatorio y único.

Lo más interesante es que estaba totalmente consciente durante todo esto, no tenía sueño en ese momento y estoy seguro de que no me quedé dormido. Pasé 45 minutos muy agradables en este estado.

Facilitar el trabajo manual

Uno de los tipos tradicionales más comunes de uso del kratom descritos en el sudeste asiático es el consumo de *M. speciosa* para aliviar el trabajo de campo durante el día.

Varios informes de usuarios norteamericanos, australianos y europeos reflejan el alivio del aburrimiento, la estimulación mental y la facilidad física que puede aportar el kratom.

Mi trabajo como reponedor de productos a tiempo completo es muy físico y aburrido. Suelo estar agotado y malhumorado todo el día en el trabajo y durante unas horas después. Probé 0,75 gramos de extracto de kratom 10x, mezclado en agua tibia y bajado de un trago con el estómago medio vacío durante el trabajo.

Los efectos iniciales de estimulación y buen humor aparecieron en unos 10 minutos y duraron 2 horas. Se sentía como un colocón de café muy fuerte pero limpio, combinado con una euforia de MDMA "educada" y reducida. Cuando los clientes me hacían perder el tiempo con preguntas obvias o groseras, les respondía alegremente y me ofrecía para reponer sandías.

Hacía que un día de trabajo fuera tan divertido como un día libre sin drogas. Me sentía mucho más extrovertida que de costumbre. [...] Al final del turno, me sentí aturdido, pero me recuperé rápidamente cuando se me pasó el efecto (4,5 horas después de beber).

Tengo un trabajo de recogida y embalaje en un almacén local. Hago una media de sesenta horas de trabajo a la semana, con jornadas de diez y doce horas llenas de trabajo pesado y movimiento constante. Volvía a casa después de estas salidas completamente exhausto y agotado, incapaz de reunir la energía necesaria para hacer nada más que comer e ir a la cama. [...]

Al cabo de un mes de trabajo, decidí experimentar con el kratom como ayuda en el trabajo. Llevo una cucharada (unos 5 gramos) de kratom al trabajo en una pequeña bolsa de plástico con cierre. En lugar de convertirlo en un té, lo tomo por vía oral, como lo haría con un suplemento dietético en polvo, lavándolo con soda o té dulce. Suelo dividir los cinco gramos en tres dosis que tomo a lo largo de una jornada de diez horas: la primera media hora después de llegar, la segunda a las tres horas de la jornada y la tercera una hora después del almuerzo (seis horas de la jornada). Tengo cuidado de evitar tomar las dosis justo antes o después de comer, ya que el kratom me quita el hambre y tiende a provocar ligeras náuseas si se toma junto con la comida.

Los efectos se producen gradualmente a lo largo de diez o quince minutos: aumento de la energía, sensación de ensoñación o calma incluso durante el trabajo más agotador y (sobre todo) un efecto peculiar sobre el sentido del tiempo. Este es posiblemente el más extraño de todos los efectos, ya que no he experimentado ninguna pérdida de lucidez, y puedo explicar todo lo que he hecho, pero el tiempo parece pasar mucho más rápido de lo normal. [...] Me parece que me despeja la cabeza, me mantiene despierto y me da una sensación de relajación boyante, de modo que hasta la tarea más aburrida es soportable.

Reducción de los síntomas de abstinencia de opiáceos

El kratom es ampliamente utilizado por los adictos a los opioides para detener o reducir los síntomas de abstinencia de los mismos. En algunos casos, el uso de kratom ayuda a los individuos a dejar de tomar opioides por completo, pero en otros casos el kratom simplemente reemplaza la otra adicción a los opioides con el uso diario de kratom.

Tuve una lesión grave que me mantuvo en el hospital y con narcóticos que incluían fentanilo, morfina, oxicodona e hidrocodona durante un periodo de unas seis semanas. Una circunstancia agravante es que se necesitaban dosis elevadas de opiáceos para que se reconociera cualquier propiedad analgésica. No hace falta decir que el síndrome de abstinencia era una pesadilla.

Encontré referencias al uso del kratom como forma de aliviar los dolores y el malestar de la abstinencia. No sólo alivia los problemas, sino que los elimina totalmente. En dosis bajas mi nivel de energía aumenta hasta cierto punto, me siento muy bien, un poco de opiación está presente. No he tenido problemas de náuseas con dosis bajas o moderadas. Las dosis altas pueden revolverme un poco el estómago.

Para las personas que luchan contra la abstinencia de opiáceos, diría que esto es un milagro, y no me impresiono fácilmente.

Mi historia con el kratom comienza hace unos 3 años, mientras estaba en un programa de desintoxicación y rehabilitación por un hábito de morfina. Pedí varias onzas de hoja de kratom antes de entrar en desintoxicación, y llegó poco después.

Después de completar el tratamiento con buprenorfina, los síntomas físicos y emocionales de la abstinencia de morfina seguían siendo casi insoportables. Cada fibra de mi cuerpo me dolió durante lo que parecieron meses, aunque la parte más dolorosa sólo duró unos 10 días. No podía dormir más de 4 horas seguidas, pero incluso este sueño iba acompañado de horribles pesadillas. Perdí peso, y cuando me vi en el espejo durante ese primer mes, vi una versión demacrada, dibujada y con los ojos muy abiertos de mí misma que apenas reconocía.

En el transcurso de la desintoxicación, alrededor del tercer o cuarto día después del tratamiento con buprenorfina, mi estoicismo se rompió y me preparé un vaso de té de kratom.

Trituré unas 5 cucharadas de la hoja seca en mis manos y añadí agua hirviendo y limón. El "té" era muy amargo y astringente.

. . .

En 30 minutos el té alivió todos mis síntomas. Volví a sentirme como yo. Normal, sin ningún dolor en particular, salvo el dolor de la culpa por haber recaído. Tiré el resto de la hoja por el retrete por miedo a arruinar mi desintoxicación.

Este informe sigue la desintoxicación de metadona exitosa y en gran medida libre de abstinencia de una mujer de 46 años y 167 libras con hepatitis C que había sido adicta a la metadona (simultáneamente con Xanax, cigarrillos y café). La desintoxicación pasó en general por tres etapas: una reducción de la metadona, una sustitución de la metadona por kratom y una experiencia con ibogaína para desintoxicarse del kratom.

La desintoxicación comenzó con el intento de reducción de la metadona. Se observaron algunos comienzos falsos, como cuando pensó que podía reducir un miligramo al día. Además, los problemas burocráticos ralentizaron el proceso, ya que la clínica facilitaba el aumento de la dosis, pero las solicitudes de disminución de la dosis requerían la conferencia del personal, y este proceso podía durar semanas si no se perdía directamente la solicitud. La reducción que funcionó una vez que finalmente se inició la llevó de 125 mg a 55 mg [de metadona] en un programa de 5 mg cada dos semanas. Su plan era seguir reduciendo la dosis hasta que pudiera dejar de usarla por completo; sin embargo, a los 55 mg, ya no pudo seguir reduciendo la dosis e hizo que la clínica la retuviera. [...]

[Quería probar la terapia con ibogaína, pero le dijeron

que habría que esperar mucho]. Decidió probar el kratom mientras tanto. Después de tomar el té de kratom, el primer día que dejó la metadona dejó al sujeto completamente asombrado. Después de 11 años de consumo de metadona, le pareció un "milagro" poder dejarla por una hierba legalmente disponible. El sujeto empezó a tomar kratom aproximadamente una taza cada vez justo antes del mediodía, y a las 23:00 de la noche, había bebido un té hecho con unos 50 gramos de kratom. Al principio del día, estaba de buen humor. Por la tarde, mostraba algo de ansiedad, pero era manejable y no se acercaba a lo que experimentaría con la abstinencia de la metadona. [...]

La abstinencia de kratom difiere de la abstinencia de metadona. El síntoma más marcado de la abstinencia del kratom es una ansiedad abrumadora. El sujeto se enganchó al kratom y no pudo reducir la dosis debido a esta ansiedad y también a los intensos espasmos. En cambio, empezó a aumentar lentamente su tolerancia y su dosis. A los adictos a la metadona les aterra el síndrome de abstinencia, por lo que insistió en seguir tomando kratom durante demasiado tiempo. Siente que cuando empezó a disfrutar realmente del kratom para colocarse, la adicción fue el resultado obvio. En total, la duración de su adicción al kratom fue de unos seis meses, y reconoce que engancharse al kratom para evitar la posibilidad de sentir algún síndrome de abstinencia a la metadona no fue útil; sin embargo, aunque no pudo dejar el kratom por sí misma, tuvo el lado positivo de que su adicción al kratom fue mucho más fácil de eliminar con ibogaína que una adicción a la metadona en toda regla.

Llevo un par de años consumiendo kratom de forma intermitente. Era adicto al tramadol como analgésico y descubrí que tomar una cucharada de hoja de kratom en polvo (no extracto) seguida de un vaso de zumo evitaba cualquier síntoma de abstinencia. Compraba la hoja simple y la molía en mi molinillo de café. El sabor era malo, pero con un zumo fuerte podía tragarlo rápidamente. Pensaba que era una droga milagrosa que podía curar cualquier tipo de adicción a los opiáceos.

Empecé a tomar cantidades cada vez mayores de kratom tanto por la mañana como por la noche. Si no tomaba la dosis, me dolía, sudaba y tenía mucha ansiedad. Lo más preocupante era esta ansiedad, que me hacía sentir muy, muy mal. Lo único que aliviaba estos síntomas era más kratom.

Soy una mujer de 29 años que vive en los Estados Unidos. Tengo una adicción activa a los opiáceos de unos 15 años (y más en el lado "on" que "off"). Por opiáceos, me refiero a todos y cada uno de ellos, empecé con Vicodin, luego pasé a Percocet, a Oxycontin, a la heroína y finalmente al monstruo de la metadona: Tomaba 100 mg al día en mi clínica de metadona.

Hace poco me mudé de Nueva York al norte del estado, pensando que la clínica de esta zona podría, como mínimo, darme una dosis como invitado hasta que pudieran aceptarme como paciente a tiempo completo.

Para mi consternación (y horror), la clínica local tenía una lista de espera de seis a doce meses, lo que significaba que mis opciones eran a) volver a la ciudad, b) ir a un centro de rehabilitación y desintoxicación, o c) dejar la metadona de golpe.

Dado que no necesitaba realmente ir a rehabilitación y que volver a la ciudad SÓLO para seguir con la metadona o reducirla lentamente era una perspectiva muy patética, mi elección se limitaba a dejar la metadona de golpe.

Cuatro días después y ridículamente enferma, con síntomas como náuseas, vómitos, diarrea y dolores musculares, recibí mi pedido de hoja de kratom de Bali en polvo y empecé mi viaje al País de los No Retirados de los Opiáceos.

T+0:00: Mezclo 28 gramos de kratom en una olla con 4 tazas de H2O utilizando un batidor de alambre, removiendo continuamente, y llevo el lodo a un suave hervor, luego lo bajo a fuego lento durante 15 minutos (removiendo cada pocos minutos). Agrego alrededor de ⅔ taza de azúcar a la mezcla caliente, dejo que se enfríe durante unos minutos, y divido el agua con el material vegetal aún en ella (removiendo mientras la vierto) en 4 vasos (para medir 4 dosis de 7 gramos).

T+1:00: Las náuseas y la agitación del estómago han desaparecido definitivamente, casi 10 [...] Mis extremidades se sienten un poco más pesadas, en el buen sentido. Mi estado de ánimo ha pasado de la desesperación a la satisfacción. No diría que estoy experimentando euforia o un "subidón", pero comparo la sensación con la de recibir mi metadona después de perder una dosis de ella un día.

T+1:30: Tengo energía para hacer cosas por primera vez desde que dejé la metadona.

Me levanto y empiezo a limpiar la casa, a lavar los platos y a escuchar música. La música es agradable y me encuentro deseando tener compañía.

T+2:00: La explosión inicial de energía que tuve parece haber disminuido, pero ahora me siento relajado, contento y casi no tengo síntomas de abstinencia de la metadona en este momento.

T+2:25: Siento que realmente puedo conciliar el sueño por primera vez en días, así que me tomo otra dosis de 7 gramos de kratom para que me dure toda la noche (he leído que la mytragynine tiene una vida media muy corta) y procedo a acostarme.

T+2:40: Siento que me desvanezco y me duermo, sin ningún problema.

A la mañana siguiente, me despierto aproximadamente a las 8:30am (T+10:30) con algo de ansiedad y fatiga muy leve, pero después de volver a dosificar el kratom, obtengo energía y efectos anti-ansiedad casi inmediatamente. Para mí, el kratom es extremadamente eficaz como remedio para la abstinencia de opiáceos cuando se utiliza en las dosis adecuadas y con frecuencia (2-3 veces al día), ya que sus efectos no parecen durar tanto como la metadona o la buprenorfina. Planeo utilizarlo como una reducción a largo plazo (varios meses) y posiblemente en lugar del mantenimiento con metadona.

Cualidades pro-sexuales y anti-sexuales

Algunas personas informan de un ligero aumento de la sexualidad y de la prolongación de las relaciones sexuales, mientras que otras describen una disminución del deseo sexual y de la capacidad de rendimiento.

T+1:30: Intento de sexo con la pareja (principalmente con fines experimentales, ya que el deseo no existía debido a la acción de la droga). Respuestas sexuales significativamente deprimidas, dificultad para mantener una erección. Sin interés sexual pero disfrutando del tacto y la intimidad desde la perspectiva del confort y la calidez.

He notado que el kratom tiene maravillosas cualidades ansiolíticas, antidepresivas, analgésicas, diuréticas, de prolongación de las relaciones sexuales e incluso descongestionantes nasales.

Un sutil efecto afrodisíaco, que aumenta el deseo sexual, así como el rendimiento. En algunas personas este efecto es muy significativo, mientras que para otras es relativamente menor.

Pinchazos y miosis de las pupilas

Como ocurre con la mayoría de los fármacos agonistas opiáceos, la miosis es frecuente.

Las pupilas disminuyen de tamaño y capacidad de respuesta en función de la dosis.

Los efectos de euforia del Kratom pierden su potencia después de 1,5-2 horas, pero aún se mantienen en las pupilas de los dedos, la relajación general y los pensamientos agradables.

Para quien pueda pensar que se trata de un placebo, la leve sequedad de boca y la contracción de las pupilas sugieren lo contrario.

Mis pupilas eran puntiformes y no se dilataban ni siquiera en la oscuridad más absoluta.

Después de una o dos horas, paseamos contentos por mi barrio, cogidos de la mano, disfrutando del sol. En ese momento me di cuenta de que mis pupilas eran prácticamente inexistentes, y me veía como si estuviera bajo los efectos de la morfina.

Picor/Prurito

Los usuarios a menudo informan de picores después de tomar kratom, similares a los que experimentan las personas que consumen opioides. Algunos informes describen que el picor dura días después del último uso.

T+0:45: A estas alturas, me siento bastante eufórico. Empiezo a sentir un poco de picazón. Nada diferente al típico picor de los opiáceos. [...] El picor en cuestión parecía menos grave de lo que habría sido si hubiera tomado una cantidad equivalente de Vicodin o Percocet.

Alrededor de 1,5 horas después del consumo de kratom, la piel presentaba picores, un síntoma común a las drogas opiáceas. Esto era soportable.

Ahora, aproximadamente 2 horas después de la ingestión, tengo los picores que son un efecto secundario común de los narcóticos recetados.

El sueño es muy confortable, largo y profundo a veces, con despertares ocasionales pero agradables durante la noche.

Picores corporales esporádicos y leves (aunque no intensos ni demasiado molestos), en todos los puntos calientes del cuerpo, entrepierna, detrás de las rodillas y los codos, cuello y cabeza.

El tercer día después del uso: Me desperté sintiéndome mucho mejor, ya no tenía síntomas de resfriado, ni dolor de espalda, ni fiebre. Sin embargo, me picaba bastante el cuerpo. Cuando no tenía nada que hacer, me encontraba rascándome mucho las manos, los brazos y las piernas. Ese día fui al centro comercial a ver a algunos de mis amigos, y seguía teniendo picores de forma intermitente. Aparte del picor, me sentí bien y pude relacionarme con todo el mundo con normalidad. Al cuarto día, el picor había desaparecido por completo.

El único efecto molesto que tengo hoy en día en dosis muy altas (como cuando he estado masticando hojas todo el día en el trabajo) es el picor. Este picor se concentra casi siempre en el vientre y/o el pecho, pero a veces en la parte superior de la cabeza y detrás de las rodillas. No es nada terrible, y se siente muy bien al rascarse. No es una sensación de PCP de bichos raros. Es como si aumentara la euforia.

Mareos, náuseas y vómitos

Muchas personas informan de náuseas y/o vómitos asociados a dosis más altas de kratom o cuando lo mezclan con otras drogas.

De hecho, he vomitado en dos ocasiones en las que he consumido té de kratom, pero vomitar con un opiáceo, o una droga parecida a los opiáceos, no es realmente tan desagradable.

Es decir, es algo desagradable, pero no tan malo como cuando uno está sobrio, y ciertamente no es tan malo como vomitar por exceso de alcohol. Por esta razón, es muy recomendable utilizar el kratom con el estómago vacío. Eso también aumentará los efectos, ya que se absorberá mejor.

━━━

T+1:00: La caminata ya no ayuda, sino que sólo hace que las cosas decidan que el vómito va a ser inevitable, así que entro y espero junto al inodoro. Me dan arcadas una vez pero no sale nada. Intento simplemente mantener la calma, no necesariamente para resistir el vómito. Mientras esté sentada junto a mi buen amigo, el retrete, mirando al suelo sin pensar, mis náuseas son manejables. Cerrar los ojos también ayuda a suavizar el mareo y sigo quedándome dormida durante algunos minutos.

T+1:20: Abrir los ojos o ponerme de pie me provoca náuseas con toda su fuerza, pero de alguna manera, soy capaz de recuperar el teléfono y estar sobrio el tiempo suficiente para hacer la debida llamada. Mi compañera de porcelana permanece a mi lado durante toda la correspondencia. Hablar es muy difícil debido a las náuseas y mi comprensión está ligeramente deteriorada. La llamada telefónica dura diez minutos y luego vuelvo a ser libre para revolcarme en mi enfermedad.

T+1:45: Consigo abandonar mi puesto y llegar a la guarida para fumar un poco de cannabis. Ciertamente ayuda, pero no tanto como desearía. Me acuesto y entro en un estado de sueño crepuscular durante las siguientes 7 horas, despertando dos veces para fumar más cannabis y beber un poco de agua.

El agua casi me hace vomitar, pero soy capaz de contenerla porque sé que estoy deshidratado.

Preparación: 1 oz. de hojas de kratom secas trituradas. Hojas colocadas en una sartén, rociadas con ~½ taza de jugo de limón. Se añaden 2 tazas de agua. Se deja hervir la solución durante 20 minutos. Se repite dos veces más con un total de 6 tazas de agua, se desechan las hojas.

Nota: El primer líquido decantado era de color marrón oscuro, el segundo era mucho más claro y el tercero era casi transparente. El líquido resultante se dividió en partes iguales entre dos de nosotros. Fue una de las bebidas más asquerosas que he experimentado, pero me la tragué.

T+0:15: Empiezo a sentir una presión en la cara y en el cuerpo similar a la que siento durante el inicio de un subidón de cannabis. Mi temperatura corporal parece elevada, pero no tengo un termómetro para confirmarlo. [...]

T+0:25: Siento más náuseas, así que me levanto a beber un poco de zumo de naranja para ver si me ayuda. No lo hace, vomito. Después me siento mejor al instante. Sigo sudando.

T+0:35: Vuelven las náuseas y salgo a tomar un poco de aire fresco, pero no sirve de nada. Vuelvo a vomitar. Definitivamente, sigo sintiendo un entumecimiento general y una pesadez corporal incluso después de vomitar.

T+0:45: Me tiemblan las manos, pero no constantemente. Sigo sintiendo náuseas y sigo sudando. Es difícil teclear. Si me recuesto y cierro los ojos, me siento mucho mejor.

. . .

T+0:55: Siento que podría dormirme con facilidad, pero no lo intento.

T+1:00: La mayor parte de mis náuseas han disminuido.

Todavía me siento muy relajado, pero puedo decir que todos los efectos están disminuyendo en fuerza (estoy asumiendo de perder el té cuando vomité).

T+1:25: Experimento una repentina ola de náuseas y vómitos.

T+1:40: He vuelto casi por completo a la línea de base, pero con el menor dolor de cabeza posible.

T+2:00: Definitivamente estoy en la línea de base.

Conclusión: En general, diría que esta fue una experiencia mayormente negativa. La euforia y las sensaciones corporales positivas fueron bastante agradables, pero el mareo y las náuseas lo arruinaron por completo.

Resaca

Los informes sobre los efectos de la resaca van desde sentirse mejor de lo normal al día siguiente del consumo de kratom, pasando por resacas leves de tipo alcohólico, hasta náuseas y disforia más graves. A efectos de esta agrupación de resacas, no se incluyen los efectos de la abstinencia tras la interrupción del consumo frecuente.

[Después de tomar ocho gramos de hoja triturada a las 10 de la noche sin tolerancia al kratom ni a los opioides]. A la mañana siguiente, me despierto a las 8 de la mañana. Tengo un ligero dolor de cabeza. ¿Lo describiría como una resaca? No. Sigo mentalmente contento y relajado, pero el ligero dolor de cabeza es lo suficientemente perceptible como para ser molesto. Una pesada nube se cierne sobre mis ojos, y los colores parecen un poco más vivos. Sigo estando muy cansado, y la actividad física está simplemente fuera de lugar. Nublado, es la palabra que busco. Nublado, relajado, cálido, contento y con mucho, mucho sueño.

[Después de seis gramos de polvo de hoja de kratom consumido en cápsulas tomadas junto con cannabis fumado]. Esta combinación definitivamente produce un efecto posterior al día siguiente. Acabo de regresar de un almuerzo de trabajo y debo decir que me sentí embotado y ligeramente distanciado todo el tiempo. Es como la resaca de hierba más intensa que he experimentado. Me reafirmo en mi convicción de que, si vuelvo a probar esta combinación, DEBO tener el día siguiente completamente libre.

Me metí en el kratom como alternativa a las pastillas. Para ponerme en antecedentes, me encanta colocarme. Pero ahora soy mayor y tengo responsabilidades que no se pueden ignorar, ni siquiera durante medio día, así que drogarse de verdad es e pasado. No sólo no puedo permitirme el lujo de drogarme de verdad, sino que tampoco hay tiempo para la resaca o la desintoxicación. [...] He encontrado la magia en el rango de 2-3 gramos, tomados de una vez. A partir de cuatro gramos se produce más sedación, más resaca, más estreñimiento y más posibilidades de dependencia.

Llevo unos meses consumiendo kratom, aproximadamente una vez a la semana de media, tanto en forma de resina como de polvo. Hasta hace un par de semanas, los únicos efectos posteriores negativos para mí eran una resaca al día siguiente que consistía en un dolor de cabeza de leve a moderado y letargo, aunque a veces me sentía con bastante energía al día siguiente. También hay una tendencia a sentirse deprimido durante un par de días, con una ligera sensación de irrealidad,

y un estreñimiento bastante severo durante un par de días. No he usado de forma constante, así que esto es sólo de dosis únicas.

Después de 8 gramos de "súper polvo de kratom", lo que resulta en una "experiencia fuerte", el sueño llegó fácilmente, y aparte de un poco de somnolencia, no hubo efectos de resaca a la mañana siguiente.

Después de tomar altas dosis de kratom, y de no quedarme dormida justo después, siento una "resaca" que se puede caracterizar como estar irritable, y simplemente de mal humor. No experimenté esto las primeras veces que tomé kratom, sin embargo, cuanto más lo tomo de forma regular, más noto estos efectos nocivos.

Adicción al kratom y síndrome de abstinencia

Quizá la característica más problemática del kratom es que muchos usuarios afirman querer tomarlo a diario y tienen dificultades para controlar su consumo. Al igual que ocurre con otras drogas agonistas opiáceas, el consumo de kratom provoca tolerancia, deseo de volver a tomar una dosis y efectos de abstinencia tras su uso diario.

Ha pasado casi un año desde que empecé a usar el kratom, y creo que es necesario decir algunas cosas sobre él que no veía o no conocía anteriormente.

Al principio de mi uso del kratom me encantaba. Sin embargo, al poco tiempo, mi ya inestable fuerza de voluntad cedió y comencé a consumirlo casi todos los días, a veces más de una vez. Esto se convirtió en una borrachera de tres meses y medio en la que mis dosis aumentaron de 10 gramos, gradualmente hasta un mínimo de 15 gramos, y para estar realmente "kratomizado" necesitaría una dosis de 18-20 gramos. Esto fue utilizando hojas de *Mitragyna speciosa* de potencia estándar, en lugar del supuesto super-kratom.

. . .

De todos modos, no sentía que fuera perjudicial para mi salud en absoluto, y estaba bastante contento casi todo el tiempo. Sin embargo, estaba empezando a endeudarme mucho con la tarjeta de crédito, a 130 dólares la libra con gastos de envío, así que decidí dejarlo.

Después de las primeras 20 horas sin kratom, empecé a desearlo seriamente, pero pensé, oye, esta cosa no parece físicamente adictiva, y he vencido mis adicciones a la cafeína (al menos temporalmente) en numerosas ocasiones, así que ignoraré los antojos, seguiré fumando mis hierbas sagradas y seguiré con mi vida.

Entonces llegué a la hora 24 y se desató el infierno. Estaba hecho un lío. Lo que empezó como un deseo psicológico se convirtió rápidamente en algo físico. A la segunda noche, estaba tan inquieto que no pude dormir más que unos pocos guiños en toda la noche. Era como si mi cuerpo estuviera lleno de una energía eléctrica inquieta que me hacía tener que mover los brazos y las piernas. Me frustraba y me agitaba violentamente para intentar que la sensación desapareciera, pero sólo empeoraba. A la mañana siguiente, no tuve en cuenta mi problemática situación económica y me gasté 130 dólares en otra libra. Me imaginé que sólo tendría una noche más para pasar en la miseria hasta que llegara mi bendito paquete.

. . .

Es curioso, he llegado a asociar el camión del servicio postal con el kratom, e incluso ahora, cada vez que veo uno, siento un pequeño subidón en las tripas como el subidón inicial del kratom.

De todos modos, después de otra miserable noche de poco sueño, incluso con la ayuda de cantidades excesivas de raíz de valeriana, me desperté ansiosamente, pensando que mi paquete llegaría al mediodía.

Me equivoqué. Para resumir lo que podría ser una larga historia, la empresa a la que normalmente hago los pedidos con rapidez tuvo un desliz y mi paquete no llegó hasta el quinto día. Durante este tiempo, me derrumbé casi por completo.

Hasta entonces, la única cosa a la que había sido físicamente adicta era a la cafeína, y siempre había considerado que era algo fácil de dejar. ¿Qué es un pequeño dolor de cabeza comparado con esta tortura psicológica? No puedo dejar de recalcar lo incómodo que me sentía en mi propia piel, como si mi esqueleto fuera a salirse del cuerpo. Me despertaba después de apenas haber dormido, completamente dolorido por mis músculos retorcidos.

Tenía más nudos en la espalda que nunca antes. Y algo dentro de mí cambió entonces, me temo que para siempre. El férreo control que siempre he sentido que tenía sobre mis emociones se deslizó, se tambaleó y desapareció. Sentí que no podía controlar el sentimiento de absoluta desolación y depresión que me invadía. Del primer al cuarto día de mi desintoxicación forzada, pasé la mayor parte del tiempo acurrucada, rechinando los dientes, sudando y tratando de alejar los sentimientos ilógicos de depresión y ansiedad que me consumían. Irónicamente, al quinto día me desperté sintiéndome casi bien, como si la adicción hubiera abandonado mi cuerpo (físicamente, al menos).

Entonces llegó el paquete. Después de vivir este infierno de desintoxicación, tenía miedo de empezar de nuevo, pero aquí estaba esta libra de kratom, haciendo señas. Así que, por supuesto, me preparé un poco y me lo bebí. ¡Ah, qué felicidad!

Y ahora sólo necesitaba 12 gramos para conseguir el mismo efecto que me daban 18. Pasé la libra rápidamente, en unas dos semanas, y para mi sorpresa, pude recordar los horrores de mi anterior desintoxicación y lo dejé con éxito antes de volver a estar tan enganchado. Esta vez la desintoxicación fue muy suave y bastante soportable.

He utilizado el té de kratom durante dos años en un intento de dejar un hábito de beber que se me había ido de las manos.

Descubrí que el kratom silenciaba por completo los antojos de alcohol, algo que siempre había vencido mis intentos anteriores de moderar o dejar de beber. Tengo que reconocerle al kratom el mérito total de no haber bebido, ni siquiera haber querido beber, desde entonces. Sin embargo, en el lado negativo, rompí las reglas de uso del kratom y comencé a usarlo todos los días.

Así que, por supuesto, me volví adicto. He decidido dejarlo por completo ya que no consigo moderarme bien. Ahora estoy pasando por el síndrome de abstinencia, que hasta ahora sólo ha sido un poco miserable. Al final de la primera semana he tenido antojos leves (no de alcohol, sólo de kratom), fatiga extrema y algo de depresión.

En los últimos dos años, mi consumo de kratom varió, de 25 a 50 gramos diarios, pero alcanzó un máximo de un kilo al mes. La hoja triturada fue siempre mi infusión preferida, ocasionalmente la hoja en polvo, siempre la variedad "estándar". Hace poco tiempo empecé a experimentar con súper extractos encapsulados (15x, 50x, 250x). Un mal error. Los extractos tienen un inicio agudo y potente mucho más cercano al opio real que los tés de hoja. Empecé a sentir la euforia que había buscado durante tantos años, y una vez más mi consumo de kratom se disparó. [...] Estuve colgado durante meses, montado en una montaña rusa de kratom, arriba, abajo, arriba...

Presté atención a las advertencias sobre la adicción, pero no pensé que pudiera ocurrirme a mí, un alcohólico en recuperación con 8 años de sobriedad. Al cabo de una semana me di cuenta de que hacia la mitad de mi jornada laboral empezaba a sentirme dolorido y enfermo, todos los problemas que el kratom solucionaba tan bien volvían a aparecer... piernas doloridas, mala circulación, etc. Así que llegaba a casa, me preparaba un té y me sentía mejor, ¡mucho mejor!

Poco a poco, mi rendimiento en el trabajo por la tarde se resintió tanto que empecé a llevar el té al trabajo en una botella de Snapple y a beber un montón después de la hora del almuerzo. Esto fue hace unos 9 meses. Desde entonces, soy un adicto al kratom. ¿Quién lo hubiera pensado?

[Después de 10 gramos de kratom al día] Llevo tres días de "pavo" y es realmente malo. No duermo en absoluto. Me hormiguean los brazos y las piernas y me paso toda la noche dando vueltas, sudando frío, con la piel de gallina. No puedo dormir en la cama con mi mujer, estoy demasiado nervioso. La capacidad de concentración es casi nula, no tengo apetito, etc.

Probablemente sea muy parecido a dejar la heroína.

A los tres días ya estoy empezando de nuevo. Esta vez un destete controlado creo que empezando con 10 gramos y reduciendo 2 g por día durante una semana más o menos. Nunca 10 gramos por día a cero en un día.

Escribo esto para advertir a la gente. He sido un usuario regular de opiáceos durante unos 7 años. He pasado por la abstinencia de morfina, Oxycontin e hidrocodona, así que creo que tengo un buen conocimiento de lo que es la desintoxicación de opiáceos.

Dicho esto, el kratom realmente me sorprendió. Decidí probar la tintura de kratom, que se anunciaba como la formulación más fuerte y potente disponible en el sitio web del vendedor.

Venía en frascos de 20 mililitros y al principio tomé unos 3 ml al día mediante un gotero bajo la lengua. Era realmente potente; puedo describirlo comparándolo con 15 mg de Oxycontin insuflado, para alguien sin tolerancia. [...]
    Mi tolerancia aumentó y estaba consumiendo una botella de 20 ml cada 3 días cuando me quedé sin dinero, aproximadamente a los 4 meses de mi experiencia con el kratom.

Pensé que estaría bien, pero después de pasar un día sin hacerlo, me desperté con dolores familiares y el comienzo de sentimientos de ansiedad. Esto empeoró progresivamente y no dormí durante unos 3 días hasta que fui a mi médico y me dio temazepam (Restoril) 30 mg para dormir. [...] Después de unos 14 días sólidos dejé de sentirme realmente mal y sólo me sentí bastante mal durante otros 14 días. En definitiva, la peor y más inesperada desintoxicación por la que he pasado.

Fui un gran consumidor de opiáceos durante unos 6 años, tomando dosis regulares de hasta 500 mg de morfina al día.

Tenía abstinencia de forma regular. Me sentía un poco mal 8 horas después de la última dosis. Al segundo día, era un desastre total. "La gripe más terrible de la historia" se queda corta. Cubos de sudor frío. Mis tripas se revolvían y apretaban dolorosamente. La diarrea era terrible y constante. Todos los sentidos estaban amplificados: el sonido era opresivo, la luz dolía. Me acosté en la cama con los dedos separados porque no podía soportar la sensación de que se tocaran. Había una pérdida casi total de energía. Era incapaz de hacer la cosa más sencilla.

Años después de mi última patada, ahora estoy tomando té de kratom.
    Mi dosis habitual es de media taza llena, de unos 20 gramos, remojada en agua hirviendo durante 45 minutos: una por la mañana y, a veces, otra por la noche.

Después de un año con esta dosis, decidí dejarla. Estaba un poco asustada, recordando mis experiencias con los opiáceos, así que me reservé todo un fin de semana para sudar la gota gorda. La última dosis llegó el viernes por la mañana.

El sábado por la mañana me sentí un poco indispuesto. No eran mocos ni nada por el estilo, sólo una leve inquietud, casi malestar. Pude bajar las escaleras y preparar el café. Luego desayunar. Luego hacer llamadas telefónicas. Vi algo de televisión, salí a dar un paseo, trabajé en el taller de carpintería.

Llega el domingo y las cosas siguen más o menos igual. Me siento un poco lento, pero no muy diferente de ayer. Hago un crucigrama. Hago la colada. Barro el garaje, haciendo pequeños descansos de vez en cuando para sentarme.

El lunes, ya estaba de vuelta en el trabajo. El malestar casi había desaparecido. No había resfriados, ni diarrea, ni signos externos de que acababa de dejar de tomar fuertes dosis de una droga que algunos gobiernos colocan en la misma clase que la heroína. El martes, no hay ningún síntoma. Pasa una semana, luego un mes, y nada persiste.

Ahora he hecho esto 2-3 veces, con una experiencia similar cada vez.

En mi experiencia, el síndrome de abstinencia del kratom no se puede comparar con el de los opiáceos. Los efectos son tan sutiles que casi pasan desapercibidos. Tengo más problemas cuando pillo un pequeño resfriado.

Hepatitis y síntomas hepatotóxicos

Un pequeño número de informes sobre el kratom describen hepatitis y/o síntomas hepatotóxicos. Este efecto también se ha reportado en la literatura médica. La mayoría de los informes sobre problemas de salud hepática se refieren a extractos de kratom y no a hojas secas no mejoradas. Se desconoce si son atribuibles a los alcaloides del kratom, a los subproductos de la producción del extracto o a otros contaminantes.

Hace unos meses, compré el extracto 15x después de leer sobre la calidad similar al opio de esta planta legal (en los Estados Unidos). Agoté toda la bolsita en dos semanas, tomando una dosis fuerte normalmente cada dos o tres noches. Los efectos fueron increíbles al principio: euforia, calor, felicidad, todo lo que se lee en los foros. A la cuarta dosis, todo se estropeó. En pocas horas, sentí un dolor intenso y creciente en el abdomen. El dolor llegó a ser tan intenso que acabé hecho un ovillo en el sofá, vomitando sin poder evitarlo en el suelo. En ese momento, pensé que simplemente había comido una cena contaminada con algún microbio. Sin embargo, al día siguiente sentí escalofríos, mi orina tenía el color del té negro y experimenté unas intensas náuseas. Esta condición no desaparecía.

Al quinto día, me di cuenta de que no se trataba de un problema habitual de contaminación alimentaria.

Al quinto día, todo mi cuerpo y mis ojos tenían un color amarillo oscuro... la ictericia se había instalado.

. . .

Tras varios análisis de sangre y visitas al médico, me diagnosticaron hepatitis colestásica, un trastorno hepático no infeccioso en el que la vesícula biliar se cierra durante algún tiempo. Mi análisis de sangre del hígado mostró niveles elevados de ALT, AST, fosfato alcalino (un marcador de la salud de la vesícula biliar), bilirrubina (la sustancia química que causa el color amarillo de la ictericia) y albúmina sérica.

Mi estado duró dos semanas. [...] Es muy posible que el extracto estuviera contaminado con productos químicos de laboratorio.

A mediados de octubre comencé a consumir kratom. Durante las dos semanas siguientes, lo usé casi a diario, tomando 3 gramos de hoja premium triturada por las mañanas. El fin de semana de Halloween me puse repentinamente muy enfermo y dejé inmediatamente de consumirlo.

Experimenté fatiga y una pérdida extrema de apetito, junto con un dolor agudo en el abdomen. Durante la primera semana, más o menos, no pude retener la comida.

Me puse extremadamente ictérico y, como es habitual en la ictericia, me picaba todo el cuerpo.

. . .

El diagnóstico de hepatitis se hizo cuando mi ALT (enzima hepática) se midió a 500, lo que es alrededor de diez veces lo normal. Dos semanas después del inicio, esta cifra alcanzó un máximo de 1.400. Para completar, mi AST (enzima hepática, 40 es normal) alcanzó un máximo de 300, y mi bilirrubina llegó a seis (uno es normal, esto causa ictericia). He visto a especialistas sobre esta enfermedad y no se puede encontrar una causa (aparte del kratom).

Comentarios finales sobre este capítulo

Sopesar los beneficios y los riesgos de una planta tradicional utilizada como medicina, ayuda en el trabajo y droga recreativa es extraordinariamente complejo. Las modernas tecnologías de comercialización transforman las plantas en productos; la potencia aumenta y la base de usuarios cambia y se amplía.

La Mitragyna speciosa, que se presenta de forma natural como un sedante herbáceo amargo y relativamente suave, y sus componentes químicos están ahora disponibles en productos muy potentes y con un colorido envasado.

Es un hecho convincente, aunque igualmente preocupante, que el kratom ofrece una opción basada en plantas para controlar los síntomas de abstinencia de los opiáceos.

. . .

Algunos heroinómanos avispados de la era de Internet han salido del ciclo de los opiáceos del mercado negro y de las clínicas de metadona sustituyéndolo por una infusión relativamente asequible. El dilema es que el kratom, al igual que muchos tratamientos farmacológicos contra la adicción a los opiáceos, puede ser en sí mismo adictivo.

Cientos de relatos de experiencias con el kratom en primera persona documentan todo tipo de cosas, desde agradables veladas hasta preocupaciones por la toxicidad hepática. Esperamos que la recopilación de estos relatos pueda mejorar la comprensión de la sociedad sobre los beneficios y los problemas asociados al uso de sustancias psicoactivas como el kratom, y que proporcione información que sea directamente útil para estudiantes, investigadores, profesionales de la medicina y el público en general.

10

Informe de un caso de desintoxicación hospitalaria tras una dependencia del Kratom

ANTECEDENTES

Un hombre de 44 años fue remitido al servicio de abuso de sustancias por un psiquiatra general para que le ayudaran a desintoxicarse de kratom. El paciente estaba recibiendo tratamiento (mirtazapina) para los síntomas de ansiedad y depresión en el contexto de importantes factores de estrés social, incluidas las dificultades económicas, en el momento de la derivación.

Historia

Sus antecedentes psiquiátricos eran positivos para el síndrome de dependencia del alcohol, el abuso de la cocaína (abstinente de ambas sustancias durante 9 años en el momento de la evaluación) y la depresión con prominentes síntomas de ansiedad.

Las notas médicas documentaban una historia de abuso de polisustancias (cocaína, anfetaminas, cannabis, diazepam y LSD) en la tercera década del paciente. Las pruebas de detección de drogas repetidas fueron claras, apoyando una historia de abstinencia de estas sustancias.

En cuanto a la historia social, el paciente describió una infancia infeliz viviendo con padres alcohólicos. Su padre había fallecido a los 52 años de cirrosis hepática secundaria al exceso de alcohol, y su madre abandonó el hogar familiar cuando él tenía 11 años. Fue expulsado de la escuela secundaria a los 16 años y trabajó en diversos empleos, entre ellos en bares y ventas, antes de convertirse en autónomo y dirigir su propio negocio, que vendió con algunas pérdidas un año antes del ingreso. En el momento del ingreso, se estaba formando como hipnoterapeuta.

Describió una historia de 3 años de consumo de kratom, descubriendo por primera vez la sustancia en un sitio de Internet.

Informó de que buscaba una sensación de bienestar general, además de una cura para los síntomas de ansiedad de larga duración. Anteriormente había probado una serie de preparados de hierbas como la espirulina, la hierba de cebada, la valeriana, el kava kava y la Rhodiola, con escasos resultados. El paciente fue informado de que el kratom era legal y no adictivo, y comenzó a comprarlo en una "tienda de cabecera" local.

. . .

El kratom, una hoja en polvo de sabor amargo, se mezclaba con agua o leche y se bebía. Inicialmente se autoadministró una única dosis de 4 gramos y experimentó aproximadamente 4 h de euforia, aumento de la productividad, laboriosidad y relajación. Describió el efecto como "un roce constante en la espalda". Al cabo de 3 meses, el paciente aumentó la frecuencia de la dosis a dos veces al día para conseguir el mismo efecto. A los 9 meses, aumentó la dosis a 8 g, ya que desarrolló tolerancia a la sustancia, y luego la aumentó a 12,5 g dos veces al día. Antes del ingreso, el paciente consumía aproximadamente 40 g de kratom divididos en 4 dosis a lo largo de 24 h. A pesar de las dosis regulares cada 6 h, empezó a experimentar síntomas de abstinencia de antojos, ansiedad, "miedo", inquietud, sudoración y picor. En el momento de la remisión, gastaba aproximadamente 600 libras esterlinas al mes en kratom.

Durante los 3 años de consumo de kratom, el paciente no informó de períodos significativos de abstinencia. Intentó una desintoxicación casera en una ocasión, utilizando diazepam "almacenado" de recetas anteriores, pero no tuvo éxito y encontró que el diazepam era en gran medida ineficaz para controlar sus síntomas de abstinencia. El paciente deseaba desintoxicarse del kratom porque era caro de comprar, porque experimentaba síntomas de abstinencia intermitentes y desagradables y porque se sentía "un fraude" como patrocinador de Alcohólicos Anónimos que también era dependiente de sustancias.

Examen

. . .

Al ingresar en la sala de desintoxicación, 12 horas después de la última dosis de kratom, el paciente dijo sentirse muy inquieto e intranquilo. Objetivamente, parecía muy ansioso y había evidencia de agitación psicomotriz. Hizo contacto visual y fue capaz de establecer una relación. El habla era coherente, con un volumen normal pero con un ritmo ligeramente aumentado. Su estado de ánimo era subjetiva y objetivamente ansioso, y el paciente describió síntomas consistentes con despersonalización y desrealización. También describió una sensación de fatalidad inminente. No había síntomas psicóticos evidentes en el interrogatorio. No había déficits cognitivos evidentes en las pruebas.

La exploración física no presentaba ninguna anomalía, aparte de un ligero temblor fino, y las pupilas eran medianas y reactivas. Era hipertenso, con una presión arterial de 150/100 mm Hg y un pulso regular de 80 latidos por minuto. En cuanto a las investigaciones, el análisis de fluidos orales antes del ingreso fue negativo para todos los analitos (anfetaminas, benzodiacepinas, metabolitos de cocaína, metadona y opiáceos).

Basándonos en nuestro conocimiento de las actividades agonistas de los receptores opioides y posiblemente agonistas de los receptores adrenérgicos del kratom, comenzamos a administrar al paciente 60 mg de dihidrocodeína 4 veces al día y 0,2 mg de lofexidina dos veces al día, que se ajustaron a la gravedad de sus síntomas de abstinencia.

. . .

Registramos su pulso, su presión arterial y sus síntomas de abstinencia en una tabla de abstinencia de opiáceos, que incluía medidas subjetivas y objetivas de pulso, sudoración, inquietud, tamaño de las pupilas, dolores óseos o articulares, secreción nasal o lagrimeo, molestias gastrointestinales, temblores, bostezos, ansiedad o irritabilidad y piel de gallina.

Progreso

El primer día se sintió muy ansioso, con frío, inquieto y con náuseas. Estos síntomas de abstinencia se redujeron significativamente con la administración de dihidrocodeína. Durmió mal y estuvo muy angustiado por un sueño vívido en el que tomaba su kratom de forma normal, por lo que se despertó el segundo día en un estado de gran ansiedad. El segundo día se quejó de antojos, escalofríos, náuseas y dolores. Estaba irritable y visiblemente tembloroso. La presión arterial era de 142/82 mm Hg y el pulso de 83 latidos por minuto. Continuamos con dihidrocodeína 60 mg 4 veces al día y lofexidina 0,2 mg dos veces al día; los síntomas y el temblor observado por el médico mejoraron tras la administración matinal de estos medicamentos.

A la hora de comer, la presión arterial era de 121/72 mm Hg, el pulso de 69 latidos por minuto y los síntomas mejoraron. El día 3 los síntomas mejoraron mucho, subjetiva y objetivamente, desde el momento en que se despertó. Se redujo la dihidrocodeína a 30 mg dos veces al día y se suspendió la lofexidina. El día 4 el paciente dijo sentirse "de vuelta a la normalidad", aunque con algo de ansiedad que identificó como de larga duración. Pidió que se le volviera a administrar la clorpromazina que requería y fue dado de alta 4 días después de su última dosis de kratom, sin más dihidrocodeína ni lofexidina.

Nuestras observaciones tienen una serie de limitaciones. No se realizó un análisis de laboratorio del kratom, por lo que no podemos confirmar su contenido o potencia. Como la dihidrocodeína y la lofexidina se iniciaron simultáneamente, no pudimos evaluar los efectos independientes de cada fármaco sobre los síntomas de abstinencia. Sin embargo, el proceso de desintoxicación resultó ser un caso relativamente sencillo y sin complicaciones, y el paciente estaba libre de kratom y en condiciones de ser dado de alta al cuarto día.

El paciente había permanecido abstinente del kratom cuando se le hizo un seguimiento en la clínica ambulatoria dos semanas después del alta. El paciente describió la desintoxicación del kratom como más difícil que la del alcohol en el pasado. Describió algunos trastornos del sueño y antojos por la sustancia y había comenzado a asistir a reuniones de Narcóticos Anónimos para apoyar la abstinencia.

Discusión

Actualmente, el kratom es ilegal o está controlado en Malasia, Myanmar, Corea del Sur, Tailandia y Australia. Es ilegal desde 1943 en Tailandia, donde sigue siendo una de las tres sustancias ilícitas más consumidas, junto con el cannabis y la metanfetamina. Sin embargo, el kratom no está controlado en EE.UU. y el Reino Unido, donde se puede comprar en tiendas que venden "euforizantes legales" y a través de Internet, lo que también proporciona una fuente de información anecdótica cada vez más accesible para las personas que desean utilizar el kratom con fines recreativos o como autotratamiento para la abstinencia de opiáceos.

El análisis de las hojas de kratom ha encontrado muchos compuestos potencialmente activos, predominantemente alcaloides indólicos. La mitraginina y la 7-hidroximitraginina son los principales componentes activos de la planta, que actúan como agonistas de los receptores opioides *in vitro* e *in vivo*. La 7-hidroximitraginina parece ser el agonista más potente de los receptores opioides de estas sustancias, y un estudio in vivo muestra tolerancia, tolerancia cruzada a la morfina y un síndrome de abstinencia precipitado con naloxona en ratones a los que se les administró 7-hidroximitraginina, lo que sugiere especificidad para el receptor opioide.

La actividad agonista en los receptores opioides explica los efectos analgésicos, eufóricos y antitusivos del kratom, y ha hecho que se utilice para tratar los síntomas de abstinencia en los síndromes de dependencia de los opioides. Además, los estudios en animales sugieren que la mitraginina tiene una actividad agonista en los receptores adrenérgicos, lo que tal vez contribuya a su efecto para mitigar los síntomas de abstinencia de los opioides.

Hay muchas descripciones anecdóticas de la dependencia del kratom en Internet, pero pocas descripciones en la literatura médica. Un estudio de 1975 sobre 30 consumidores crónicos de kratom en Tailandia describió la dependencia con efectos secundarios del uso a largo plazo documentados como pérdida de peso, pigmentación oscura de las mejillas, estreñimiento y, en 5 de los pacientes estudiados, psicosis. Los síntomas de abstinencia eran similares a los de la abstinencia de opioides e incluían irritabilidad, rinorrea, mialgia y movimientos espasmódicos de las extremidades.

Un informe de un caso de autotratamiento de la dependencia de opioides usando kratom, con posterior dependencia del kratom, describe la abstinencia del kratom como "considerablemente menos intensa pero más prolongada" que la de los opioides, consistente en 10 días de rinorrea, insomnio, falta de concentración, afecto constreñido y mialgia. Este estudio también contiene la única descripción breve que pudimos encontrar sobre el tratamiento farmacológico para la dependencia del kratom, con buprenorfina/naloxona de mantenimiento para prevenir la recaída.

Este informe de caso añade algunas observaciones útiles sobre el kratom. Describimos un síndrome de dependencia del kratom en un paciente con un historial de ansiedad y depresión y una dependencia previa del alcohol. La historia de uso de kratom en este paciente se caracterizó por el desarrollo de tolerancia y craving, con síntomas de abstinencia similares a los de los opioides y medidas objetivas de abstinencia que respondieron a la sustitución de opioides con dihidrocodeína y al agonismo de los adrenoceptores con lofexidina.

· · ·

Estos antecedentes apoyan la hipótesis de que las sustancias activas -mitraginina y 7- hidroximitraginina- provocan un síndrome de dependencia principalmente a través de la actividad agonista en los receptores opioides. Además, la pauta de dosificación de 6 horas para evitar el síndrome de abstinencia y el período relativamente corto (menos de 4 días) de abstinencia sugieren que las sustancias activas del kratom tienen una vida media corta. En este paciente, el uso de dihidrocodeína y lofexidina pareció tener un efecto positivo de apoyo en la mejora de los angustiosos síntomas de abstinencia en un entorno de desintoxicación hospitalario.

La creciente disponibilidad y el uso de "euforizantes legales" farmacológicamente diversos plantean nuevos retos a los servicios de lucha contra el abuso de sustancias. Es importante seguir investigando la farmacología y los patrones de consumo de estas sustancias legales para evaluar su potencial de daño y dependencia, así como el mejor método para tratar a quienes se vuelven dependientes de ellas.

11

Caso de dependencia y abstinencia materna y neonatal de kratom

Caso

Una mujer de 29 años con 4 embarazos, 1 nacimiento de una cría viable y 3 abortos fue ingresada el día 2 del posparto desde otro hospital con el objetivo de reducir su consumo diario de kratom. Su bebé fue trasladado a una unidad terciaria de cuidados intensivos neonatales (UCIN) para ser tratado por abstinencia neonatal. La paciente fue ingresada en una unidad de cuidados combinados para mujeres embarazadas y puérperas que luchan contra la adicción.

La paciente mantenía una relación estable con el padre del bebé y procedía de una familia solidaria. Estaba empleada a tiempo completo y su vivienda se consideraba adecuada. Su historial médico era relevante para el trastorno por consumo de opioides, dolor lumbar crónico y ansiedad.

. . .

Inicialmente se le recetó oxicodona para el dolor lumbar 6 años antes, y su consumo se intensificó con el tiempo hasta superar con creces lo prescrito y estaba afectando negativamente a su vida. Acudió a un programa de desintoxicación de opiáceos en dos ocasiones. Tras la desintoxicación, 2 años antes de la presentación, su dolor de espalda reapareció. Un conocido le presentó el kratom y le informó de que era un suplemento natural a base de hierbas que aliviaba la ansiedad y el dolor. Descubrió que trataba eficazmente su dolor de espalda y mejoraba su estado de ánimo y su ansiedad. Cuando se confirmó su embarazo, consumía de 18 a 20 g de kratom en polvo 3 veces al día y continuó con esta dosis hasta el parto.

Compró legalmente el kratom por 40 dólares al día. La paciente describió síntomas consistentes con la abstinencia de opioides (es decir, diaforesis, rinorrea, mialgia, ansiedad, náuseas, diarrea y piloerección) si retrasaba su dosis de 4 a 6 horas.

Había intentado numerosas veces, sin éxito, reducir su consumo de kratom durante los últimos 2 años. La paciente tuvo un embarazo relativamente normal y dio a luz a una niña a las 37 semanas y 5 días. En el segundo día de posparto, las puntuaciones de abstinencia neonatal de la niña aumentaron y desarrolló intolerancia a la alimentación, nerviosismo, irritabilidad y emesis, por lo que fue trasladada a la UCIN. En la UCIN la niña fue tratada con morfina intravenosa hasta una dosis máxima de 10 µg/kg/h. Finalmente, se redujo la dosis de morfina por vía oral una vez que fue capaz de tolerar la ingesta oral y fue trasladada a la sala con su madre el séptimo día.

Durante los días siguientes, la paciente empezó a tomar el pecho para aliviar el síndrome de abstinencia del bebé y mejorar el vínculo afectivo.

Al ser admitida en la unidad de adicciones perinatales, la paciente tuvo la opción de reducir su propio suministro de kratom en la sala; sin embargo, optó por sustituir parcialmente el kratom por morfina debido al menor coste y a la imposibilidad de obtener kratom mientras estaba en el hospital. En el día 2 del posparto, la paciente empezó a tomar 10 mg de morfina oral 3 veces al día y su dosis de kratom se redujo a la mitad, a 10 g, 3 veces al día. Con este régimen experimentó algunos síntomas de abstinencia de leves a moderados, consistentes en ansiedad, piloerección, diaforesis e inquietud, que mejoraron en los días siguientes. La morfina y el kratom se redujeron de forma alterna durante la hospitalización, y la paciente dejó de tomar cualquiera de las dos sustancias después de 4 semanas. La disminución fue lenta para garantizar que la paciente pudiera cuidar adecuadamente a su nuevo bebé sin sufrir un síndrome de abstinencia grave. Se discutió con la paciente una terapia de sustitución de opioides a largo plazo; sin embargo, estaba motivada para dejar el kratom y otros opioides por completo antes del alta.

Discusión

· · ·

Se realizó una búsqueda bibliográfica en PubMed utilizando las palabras clave kratom y Mitragyna speciosa. El kratom es el árbol tropical Mitragyna speciosa, originario del sudeste asiático.

Se ha utilizado durante mucho tiempo en la región como estimulante para los trabajadores y, más recientemente, como droga recreativa de abuso. Actualmente es una sustancia controlada en la mayor parte del sudeste asiático; sin embargo, es legal en Estados Unidos y Canadá. Los compuestos alcaloides activos son la mitraginina y la 7-hidroximitraginina, que son agonistas selectivos y completos, respectivamente, de los receptores μ-opioides. El kratom parece tener efectos similares a los de los opioides en dosis altas (es decir, >5 g) y efectos similares a los de los estimulantes en dosis más bajas (es decir, aproximadamente de 1 a 5 g).

Se ha publicado un número creciente de informes de casos relacionados con la adicción, el síndrome de abstinencia y las sobredosis con resultado de muerte cuando el kratom se combina con otras sustancias como sedantes y antidepresivos.

Sólo hay una mención del efecto de la sustancia en el embarazo en la literatura, donde una mujer en Tailandia que usaba kratom dio a luz a un bebé con síndrome de abstinencia. Hay pruebas convincentes que apoyan que el tratamiento del síndrome de abstinencia neonatal de opiáceos con rooming-in disminuye el coste de la estancia hospitalaria por bebé, el ingreso en la UCIN, las necesidades de morfina y la duración de la estancia en comparación con la atención estándar en una sala de neonatos.

Las mujeres que dan a luz en la unidad de atención combinada a las adicciones perinatales se alojan con sus hijos, y se promueve la lactancia materna y el contacto estrecho para tratar el síndrome de abstinencia neonatal.

La morfina sólo se utiliza cuando es absolutamente necesaria sobre la base de resultados objetivos. Como la paciente de este caso no dio a luz en la sala, el bebé fue tratado por el síndrome de abstinencia con morfina en la UCIN inicialmente antes de ser trasladado a la UCIN terciaria. Creemos firmemente que el síndrome de abstinencia de kratom en los neonatos debe tratarse con alojamiento y contacto estrecho con la madre como norma de atención. En este caso, es posible que el internamiento inmediato en la habitación haya evitado el ingreso en la UCIN y haya reducido o eliminado el uso de morfina para el bebé.

La literatura describe un síndrome de abstinencia del kratom consistente con la experiencia de la paciente de malestar gastrointestinal, rinorrea, agitación, ansiedad, temblores e insomnio. La paciente también describió que se sentía psicológicamente dependiente de la sustancia, ya que creía que le aliviaba la ansiedad y el dolor crónico y, sin ella, tenía dificultades para cumplir con sus responsabilidades domésticas y laborales.

. . .

Conclusión

Con la creciente popularidad de las alternativas aparentemente naturales a los medicamentos tradicionales de prescripción, es vital que los proveedores de atención primaria sean conscientes de los peligros y los efectos que el kratom y otras hierbas psicoactivas no reguladas podrían tener en los resultados maternos y del bebé.

12

Muertes asociadas al consumo de kratom

ESTUDIOS RECIENTES INFORMAN de un total de 156 muertes asociadas al uso de kratom en Europa. Hasta donde saben los autores, este es el mayor número de casos reportados hasta la fecha en la literatura.

En el momento de redactar este informe se han identificado un total de diez muertes en el Reino Unido; ocho en Inglaterra y dos en Escocia. No se conocen muertes relacionadas con el kratom o sus derivados en Irlanda del Norte o Gales.

Los casos identificados fuera del Reino Unido (n = 146) pueden desglosarse en cuatro categorías:

(a) artículos/resúmenes académicos publicados; (b) informes gubernamentales; (c) informes de los medios de comunicación; y (d) informes de casos de toxicología post mortem.

· · ·

Aparte de un único caso notificado en Tailandia, todos los casos notificados aquí se produjeron en el noroeste de Europa o en América del Norte, principalmente en los Estados Unidos.

La primera muerte documentada se produjo en 2008. El número de casos parece haber tenido un pico en 2009-10 (principalmente debido a nueve casos de criptomonedas en Suecia), y a partir de 2013 ha habido un aumento constante de los casos notificados. La mayoría (80,1%) de las víctimas eran hombres. La edad media era de 32,3 años (rango 17-64) y, cuando se conoce, todos los fallecidos eran de raza blanca/caucásica. Cuando se conoce, la mayoría de los fallecidos estaban empleados (66,7%) y vivían con otra persona (77,3%).

No en todos los casos se pudo conocer el motivo del consumo de kratom. Sin embargo, se señalaron una serie de razones; la principal fue la automedicación, incluida la adicción a los opiáceos/opiáceos y la ansiedad/estrés. También se mencionó el uso recreativo y la musculación, así como el uso de kratom para evitar los positivos en los controles de drogas. En la mayoría (95,3%) de los casos se sabía que los fallecidos tenían un historial de abuso de drogas, incluyendo el uso pasado o actual de Kratom o Krypton (31,4%).

Características de las muertes

. . .

Alrededor de dos tercios (66,1%) de las muertes se produjeron en el domicilio del individuo o en el de un familiar o amigo, pero el 15,2% murió en el hospital o centro médico.

Sólo en seis de todos los casos notificados con información toxicológica disponible (n = 129) la mitraginina fue la única sustancia identificada en la toxicología post mortem; la proporción de mitraginina como única mención a cualquier mención en la toxicología es de 0,0465:1,0000. Sin embargo, la mitraginina fue la única droga implicada en 27 de los 117 casos en los que se conoce la causa de la muerte; la relación entre la mitraginina como única mención y cualquier mención en la causa de la muerte es de 0,231:1,000. Seis de estos 27 casos son los mismos en los que la mitraginina fue la única droga detectada en toxicología; una proporción de 0,222:1.000. La mitraginina se detectó en todos los casos menos en uno, es decir, en 155 casos. De ellos, se dispone de los niveles en 71 casos (45,8%), pero no se dispone de ellos o no se dan en 84 casos (54,2%). La mitraginina se mencionó en la causa de la muerte en 85 (54,87%) de los 155 casos en los que se detectó. La sustancia se mencionó en la causa de la muerte en 39/71 (54,9%) casos en los que también se indicaron los niveles.

Las principales clases de otras sustancias encontradas pueden agruparse a grandes rasgos en tres categorías: drogas controladas/recreativas; clases de drogas terapéuticas; y alcohol. Es importante el hecho de que muchas de las drogas identificadas en estos casos son depresores del Sistema Nervioso Central (SNC); en particular el Odesmetiltramdol, otros opiáceos/opioides, las benzodiacepinas y el alcohol. Es frecuente encontrar estimulantes y fármacos terapéuticos utilizados para tratar la ansiedad, la depresión y las psicosis. Recientemente se ha informado de la presencia de NSP, como benzodiacepinas de diseño, opiáceos de diseño y catinonas sintéticas, en combinación con kratom.

En la mayoría de los casos (87,2%) se encontró el uso de varias sustancias; la media en estos casos fue de tres o cuatro (media = 3,4, rango 1 - 10) drogas además de la mitraginina/7-hidroximitraginina. A menudo, las combinaciones incluyen opiáceos/opioides y/o benzodiacepinas y/o ansiolíticos/antidepresivos y/o estimulantes.

Las principales causas de muerte y los resultados de la autopsia pueden clasificarse en cinco categorías: (a) dificultades respiratorias, especialmente pulmones congestionados y/o edematosos; (b) problemas cardíacos/cardio-respiratorios; (c) daño cerebral/hipoxia; (d) efectos tóxicos del kratom/kriptón (con otras sustancias); y (e) problemas hepáticos/urinarios. Cabe destacar que todos los fallecidos son hombres y blancos (cuando se conoce su origen étnico), con una edad media de 32 años. Cuando se conoce, la mayoría son: empleados, viven con alguien y tienen un historial de consumo de drogas, incluido el kratom.

El nivel medio en sangre es aproximadamente la mitad de todos los casos en los que se conocen los niveles, pero sólo hay tres casos en los que se dispone de niveles. En todos los casos, la toxicidad de la mitraginina/kratom, los efectos tóxicos, la sobredosis o la intoxicación se mencionan específicamente en la autopsia/causa de la muerte. Las características más comunes son: congestión y/o edema pulmonar, y otras afecciones respiratorias; efectos en el cerebro; afecciones/enfermedades cardíacas/circulatorias; y afecciones hepáticas. Cuando se conoce la forma de la muerte, la mayoría de las muertes se consideran accidentales o por accidente.

Tendencias en la notificación de muertes relacionadas con el kratom

El número de casos notificados desde 2008, tanto en la literatura científica como en los medios de comunicación en general, ha crecido constantemente. Este aumento del número de muertes asociadas al consumo de kratom puede deberse, en parte, a que los casos son más susceptibles de ser notificados debido al creciente interés en su uso por parte de los usuarios potenciales/actuales y de los medios de comunicación, y por tanto a una vigilancia, identificación y registro oficial/científico más activos. Este fenómeno se observó en el Reino Unido en relación con las muertes relacionadas con la MDMA tras la muerte de Leah Betts en 1994.

Es probable que se produzcan más informes a medida que los distintos países europeos y los estados de EE.UU., así como el gobierno federal, tomen conciencia de las consecuencias potencialmente mortales del consumo de kratom o de compuestos sintéticos que contengan mitraginina y su metabolito 7-hidroximitraginina e introduzcan controles sobre su disponibilidad. Será importante vigilar este aspecto, especialmente desde la entrada en vigor en el Reino Unido, el 26 de mayo de 2016, de la Ley de Sustancias Psicoactivas de 2016, que parece incluir en su ámbito de aplicación los componentes psicoactivos del kratom, por ejemplo, la mitraginina y la 7- hidroxitraginina. Las muertes relacionadas con el "Krypton" en Suecia, que también incluían el O- desmetiltramadol en el producto, hicieron que esta molécula pasara a estar controlada en el Reino Unido.

El aumento de los informes sobre los efectos adversos y la toxicidad, incluidas las muertes, asociados al uso del kratom o de productos relacionados, llevó a la Agencia Antidroga de Estados Unidos (DEA) a anunciar el 31 de agosto de 2016 una propuesta para añadir temporalmente la mitraginina y la 7-hidroximitragynina a la Lista 1 de la Ley de Sustancias Controladas de 1970. Esto fue respondido con muchas llamadas de grupos de interés para que la DEA reconsiderara su sugerencia. Tras muchas presiones, la DEA retiró su notificación de intención el 13 de octubre de 2016 y abrió un periodo de consulta pública que finalizó el 1 de diciembre de 2016. En el momento de redactar este informe, todavía se está esperando que la Agencia examine las alegaciones. En el momento de redactar este informe, unos 6 estados de Estados Unidos han prohibido el kratom.

Es probable que haya otros casos que o bien no se han identificado o bien aún no se han comunicado en la literatura científica. Por ejemplo, se ha criticado con razón que los detalles de los casos citados por la DEA en apoyo de su propuesta de clasificar el kratom no se dan en absoluto, o no se presenta información clave como los niveles toxicológicos y otros aspectos fundamentales Esta información debe publicarse siempre y cuando sea posible, permitiendo un anonimato adecuado en cuanto a la identidad de los fallecidos.

Algunos afirman que no se han producido muertes en el sudeste asiático, aunque se han documentado algunas. Sin embargo, es muy probable que se hayan producido o se produzcan otras muertes allí y en otras partes del mundo en las que el kratom se utiliza como agente terapéutico automedicado para tratar la dependencia de opiáceos/opioides.

Se carece de información sobre las muertes por intoxicación relacionadas con las drogas en Malasia. Por todas las razones mencionadas, y probablemente otras, como la escasa identificación, investigación y notificación de las muertes relacionadas con las drogas en esta región, es probable que las muertes relacionadas con el kratom no sean notificadas.

Hasta la fecha, solo hay un caso notificado en Tailandia, aunque se encontró mitraginina en el organismo de dos víctimas de homicidio en el centro de Bangkok en el periodo 2009-2013. La presencia de mitraginina no es una sorpresa, dado su uso generalizado en Tailandia.

Falta información publicada detallada sobre las estadísticas de mortalidad en Tailandia, lo que hace imposible saber cuál es la verdadera naturaleza y el alcance de las muertes relacionadas con el kratom en ese país (comunicación personal al autor principal de Kanlayarat Karnman, 24 de junio de 2018). La misma situación parece darse en Malasia y Vietnam. Incluso en el Reino Unido y los Estados Unidos no se dispone de cifras nacionales precisas publicadas.

Grupos de riesgo

La información de todos los casos cotejados en este estudio sugiere la posibilidad de siete categorías de consumidores de kratom con mayor riesgo de muerte, algunas de las cuales se solapan:

1. los que utilizan el kratom en el contexto del consumo de opiáceos, especialmente heroína, fentanilo y morfina, nuevos opiáceos (como fentanilos, U-47700), por ejemplo, para el alivio del dolor crónico;
2. los que utilizan el kratom en el contexto del consumo de benzodiacepinas, incluidas las "benzos de diseño" (como el etizolam);
3. los que utilizan el kratom en el contexto de múltiples drogas depresoras del SNC, especialmente los opioides y las benzodiacepinas (con o sin alcohol);
4. quienes consumen kratom en el contexto del uso de drogas recreativas, incluidos los estimulantes (anfetamina/metanfetamina, éxtasis, cocaína)
5. las personas con enfermedades cardiovasculares y/o hepáticas (diagnosticadas o no), especialmente cuando se utilizan estimulantes;

6. las personas con problemas psiquiátricos o de salud mental, como la ansiedad y la depresión, incluidas las que toman medicamentos psiquiátricos recetados (como la quetiapina o la sertralina); y (g) los que toman antiepilépticos prescritos, gabapentinoides.

Una limitación de este perfil de usuarios es que se basa en las muertes cubiertas por este estudio, muchas de las cuales tienen información demográfica limitada. Sin embargo, el periodo es lo suficientemente largo como para ver el impacto de las nuevas sustancias psicoactivas emergentes, especialmente los opioides

Conclusión

Los estudios que indican el potencial del Kratom como herramienta de reducción de daños, sobre todo como sustituto de la adicción a los opiáceos, todavía no son suficientes para satisfacer nuestra pregunta de si el Kratom es seguro de usar.

Tanto la comunidad científica como los gobiernos de todo el mundo necesitan realmente llevar a cabo amplios estudios de investigación y desarrollo sobre sus usos y efectos para formarse una idea precisa y completa sobre el Kratom. Mientras que el intrigante tema de la prohibición o el control total del Kratom sigue calentándose, algunos gobiernos parecen empeñados en determinar nuevas leyes, mientras que otros simplemente siguen dudando de las medidas de precaución y los efectos secundarios de tomar esta maravilla botánica.

Para algunos usuarios, los efectos negativos del Kratom sobre la salud mental -principalmente los síntomas de abstinencia- parecen ser relativamente más leves en comparación con los de los opioides.

Para otros usuarios indiscriminados, el síndrome de abstinencia puede ser muy incómodo y resulta más difícil mantener la abstinencia.

Sus efectos placenteros y eufóricos sólo dan lugar a sus cualidades adictivas. La adicción suele estar asociada a una tolerancia en desarrollo, sobre todo en el caso de los consumidores intensivos o diarios. En realidad, casi ninguno de los componentes esenciales de la planta es adictivo. Por lo tanto, en realidad, las posibilidades de abuso del Kratom son muy bajas.

Sin embargo, entre muchos usuarios, el Kratom mejora el estado de ánimo y alivia la ansiedad, el estrés y la depresión.

Varios usuarios también confían en el Kratom por sus eficaces cualidades analgésicas y sus propiedades inhibidoras de los síntomas de diversas enfermedades antiinflamatorias.

Estos resultados de los usuarios reales deberían instar, por un lado, a los investigadores médicos y a los clínicos de salud mental o de uso de sustancias a considerar la reanudación de las investigaciones sobre los efectos secundarios negativos del Kratom en los seres humanos, ¡y con razón! Por otro lado, los responsables políticos y los reguladores deben llevar a cabo una revisión exhaustiva de las leyes y regulaciones actuales del uso del Kratom antes de llegar a conclusiones y decisiones erróneas.

Conclusión

Los efectos positivos sobre la salud y la vida de muchos usuarios son tan significativos como para considerarlos. El uso del Kratom de una manera positiva y a lo largo de una duración regulada a corto plazo para acabar con las dependencias fatales de las drogas puede realmente preservar la vida de los consumidores de opiáceos.

Para terminar, el punto clave que me gustaría volver a recalcar es que hay que ser lo suficientemente diligente y responsable como para poner de su parte. Investiga y realiza tu propia investigación. Considere todos los factores involucrados, incluyendo sus condiciones mentales y físicas. Consulte también a su médico antes de utilizar el Kratom.

No se suba nunca al carro de los medios de comunicación ni a los bombos y platillos promocionales. Elija sólo proveedores fiables y de confianza. Conozca cómo fabrican o procesan y obtienen sus Kratoms. Los precios baratos pueden ser tentadores, pero la calidad debe ser primordial.

Espero que este libro les sea de utilidad.

www.ingramcontent.com/pod-product-compliance
Lightning Source LLC
Chambersburg PA
CBHW071848070526
44583CB00016B/1597